公認心理師・臨床心理士大学院対策

鉄則10 & キーワード100

心理英語編

河合塾KALS 監修
木澤利英子 著

講談社

本書は，2014 年に小社より刊行した『臨床心理士指定大学院対策　鉄則 10 ＆キーワード 100　心理英語編』の改題・改訂書籍です。

はじめに

　臨床心理士を志して大学院入試に臨むとき，英語の試験に不安を感じる受験生はたくさんいます。だからこそみなさんも，本書を手にとってくださったのかもしれませんね。中には，大学受験を最後に英語の勉強から遠ざかっている人もいるでしょう。英語力が一朝一夕では向上しないということを，これまでの経験から痛いほど知っているために，乗り越えなくてはならない目の前の壁がとても高く見えるかもしれません。

　そもそもなぜ，臨床心理士を目指すのに英語力が問われるのでしょうか。それは，臨床心理士の高い専門性と関係します。より適切な治療を見出したり行ったりするためには，国内外を問わず，常に最新の研究動向や研究知見に精通しているべきです。また，論文を読むことに加えて，ご自身が英語論文を執筆したり，国際学会で発表したりする機会もあるかもしれません。だからこそ，入試の段階でその基礎的な力の有無が問われることになるのです。

　ですからまずは，「試験のために勉強する」という考えを捨てましょう。結果にばかりとらわれ，英語で読むことを楽しめなくなってしまっては残念です。英語の勉強にゴールはありません。今手に入れようとしているのは，みなさんが生涯関わりたいと考えている心理学という学問について，より豊富な知識を得るためのツールなのです。ですから，問題演習を行うときも，「問題を解く」という姿勢で挑むのではなく，心理学に関する英文の内容そのものを楽しむ姿勢を心がけてください。そうすることで，英語の勉強が何倍も楽しくなるはずです。

　さて，ここで本書の位置づけを明確にしておきたいと思います。本書は，大学院入試に突破するための対策本です。河合塾KALSが長い年月をかけて蓄積してきたデータをもとに，合格するために必要な力とその習得法，そして入試問題についてご紹介していきます。本書は，今後みなさんが勉強を進めていくにあたっての指針となるような一冊を目指して書かれています。一般的な文法参考書や，解説に重点をおいた問題集とは異なります。問題演習を行うだけでなく，大学院入試の英語試験に対するイメージを明確にし，当日までどのような勉強をすればよいかを把握するためにも有効に活用してください。もし基礎的な英語力に自信

iii

がない場合には，文法参考書を別途用意し，本書と併用するとよいでしょう。

　また，本書には姉妹書である「心理学編」があります。第1部でもご紹介しますが，英語入試で出題される英文は，そのほとんどが心理学の内容を扱ったものです。したがって，心理学の知識の有無によって出来が大きく左右されることになります。本書第2部では，大学院入試で頻繁に出題される専門用語を100語取り上げ，短文および長文の読解演習を行っていきます。この100語は，「心理学編」の100語と完全に対応しているため，そちらを先に学習して心理学の背景知識を固めてから本書第2部に挑戦することを強くお勧めします。

　最後になりますが，本書の企画から出版に至るまで，常に親身にお導きくださいました講談社サイエンティフィクの三浦洋一郎様，河合塾KALSの森靖義様，横田理恵様，宮川純先生に心から御礼申し上げます。

　本書を手に取られた受験生みなさんのご健闘，今後のご活躍を，心よりお祈りいたします。

2018年6月

河合塾KALS　木澤利英子

公認心理師・臨床心理士大学院対策
鉄則10＆キーワード100
心理英語編

目　次

はじめに　ⅲ

第1部　効果的な学習に向けて　1

第1章　求められる力と学習法　3
第2章　出題傾向分析　11
第3章　英文読解　10の鉄則　23
第4章　重要表現集　45

第2部　合格のためにおさえたい厳選100語　51

第1章　原理・研究法　53
1　精神物理学　54
2　要素主義　55
3　行動主義　56
4　ゲシュタルト心理学　58
5　精神分析学　60
6　母集団と標本　62
7　実験群と統制群　63
8　縦断研究と横断研究　64
9　信頼性　65
10　妥当性　66

第2章　学習・知覚・認知　69
11　レスポンデント条件づけ　70

v

12	オペラント条件づけ	72
13	モデリング	74
14	学習性無力感	76
15	試行錯誤と洞察	77
16	知覚の恒常性	78
17	スキーマ	80
18	プライミング	82
19	メタ認知	84
20	記憶の3過程	85
21	短期記憶	86
22	長期記憶	88
23	系列位置効果	90
24	忘却	91

第3章　発達・教育　93

25	成熟優位説	94
26	ピアジェの認知発達論	96
27	フロイトの性発達段階	98
28	エリクソンのライフサイクル	100
29	レジリエンス	102
30	内言と外言	103
31	愛着	104
32	心の理論	106
33	臨界期	108
34	ピグマリオン効果	109

第4章　社会・感情・性格　111

35	帰属	112
36	認知的不協和理論	114
37	説得	115
38	印象形成	116
39	葛藤	118
40	ジェームズ=ランゲ説	119
41	情動の2要因説	120
42	内発的・外発的動機づけ	122
43	欲求階層説	124
44	性格類型論	126
45	性格特性論	127

第5章	神経・生理	129
	46 シナプス	130
	47 海馬と扁桃体	131
	48 失語症	132
	49 闘争か逃走反応	134
	50 ストレス	136

第6章	統計・測定・評価	139
	51 尺度水準	140
	52 標準化	141
	53 統計的仮説検定	142
	54 第1種・第2種の誤り	144
	55 t検定と分散分析	145
	56 主効果と交互作用	146
	57 多変量解析	147
	58 知能の構造	148
	59 ビネー式知能検査	150
	60 ウェクスラー式知能検査	152

第7章	臨床（原理）	155
	61 臨床心理士の4領域	156
	62 コンサルテーション	157
	63 スクールカウンセラー	158
	64 児童虐待	160
	65 スーパービジョン	161
	66 局所論と構造論	162
	67 エディプス・コンプレックス	164
	68 防衛機制	166
	69 集合的無意識	167
	70 対象関係論	168

第8章	臨床（査定）	171
	71 インテーク面接	172
	72 アセスメント	174
	73 質問紙法	175
	74 投影法（投映法）	176
	75 描画法（描画投影法）	178
	76 作業検査法	179

第9章	臨床（症状）	181
77	病態水準	182
78	DSM（精神障害の診断と統計のマニュアル）	183
79	統合失調症	184
80	うつ病・双極性障害	186
81	不安症・強迫症	188
82	PTSD（心的外傷後ストレス障害）	190
83	身体症状症および関連症群	192
84	解離症	193
85	摂食障害	194
86	パーソナリティ障害	196
87	自閉スペクトラム症	198
88	限局性学習症，注意欠如・多動症	200

第10章	臨床（介入）	203
89	転移と逆転移	204
90	精神分析療法	206
91	行動療法	208
92	認知行動療法	210
93	クライエント中心療法	212
94	フォーカシング	214
95	交流分析	215
96	家族療法	216
97	遊戯療法	218
98	箱庭療法	219
99	日本独自の心理療法	220
100	効果研究	221

出典一覧	223
索引	224

※本書において，臨床心理士と公認心理師を総称して「心理専門職」，臨床心理士指定大学院
と公認心理師カリキュラム対応大学院を総称して「心理系大学院」とよんでいます。

第1部

効果的な学習に向けて

「美味しい料理が作れるようになりたい」と思ったらどうするか考えてみよう。とりあえず美味しいものができるまで何度も作ってみるという方法では、上達するのに多くの時間を要するだろう。できるだけ効率良く料理の腕を磨くためには、やはり上手く作るための手順や味付けのコツなどを知っておく必要がある。

勉強も料理と同じだ。入試合格という目標を達成するために何が必要か曖昧なまま、やみくもに問題を解き続けても効率が悪い。**合格のために必要な力を明確にし、対象を絞り込み、コツをおさえて取り組むこと**が重要になる。

そこで第1部では、第2部の演習を効果的に進めるうえでの準備となる情報をまとめていく。次ページの「第1部の目的」に目を通し、おさえるべきポイントを把握したうえで、1章から読み進めてほしい。

第 1 部 の 目 的

◆合格のために必要な力を知る

「入試英語を解けるようになる」という目標は，多くの受験生が共通して挙げるものかもしれない。しかしもう一歩，具体的な目標をもってほしい。つまり，「解けるようになるために○○○を身につける」というものだ。試験の種類によって，この○○○に入る言葉は変わってくる。そこでまず，心理系大学院の入試英語を解くために必要な力を確認しておくことにしよう。

•••••▶ 第1章：求められる力

◆勉強すべき内容を知る

心理学という学問は対象とする領域が非常に広く，すべて一様に網羅しようとすると果てしない労力を要することになる。その広い範囲の中でもとくに入試で出題されやすい領域をおさえることで，学習の負担を減らし効率化を図ろう。また，入試英語には様々な出題形式があり，それぞれ対策が必要である。より入試に即した演習を行うためにも，志望校の過去問を活用して出題形式の把握を行い，解き方の確認をしておこう。

•••••▶ 第2章：出題傾向分析

◆英文読解の鉄則を知る

英語の長文読解問題には，設問として指定されやすい箇所というのがある。それは，文法が複雑な文や，内容の読み取りが困難な文であり，読み方のポイントをいくつかおさえておくことではるかに理解しやすくなる。3章ではそのようなポイントを10の鉄則としてまとめていく。読解時に利用できるように，しっかりと覚えておこう。

•••••▶ 第3章：鉄則10

◆心理系英文における重要表現を知る

心理系英文には，特有の訳し方をする単語が出てくる。それらを知らなければ，正確な訳作りはできない。また，論文には決まった様式と表現があり，知っていれば解答速度が上がる。速さと正確さを向上させるために，まずは知識としておさえておこう。

•••••▶ 第4章：重要表現集

第1章 求められる力と学習法

　ここでは，心理系大学院の英語試験に合格するために必須となる3つの力について，「なぜ（why）」，「どのような（what）」力が必要で，「どのように（how）」すればそれらが身につくのかを見ていくことにする。本章ではできる限り認知心理学の知見に基づいた解説を行いたい。心理学の専門家を目指すのだから，普段の学習にも心理学的知見を生かす姿勢をもつように心がけてほしい。

求められる力 ①

英語力　―ボトムアップで読む力―

WHY

　文章を理解するとき，頭の中では2種類の処理が行われている。それらのうち，「ボトムアップ処理：bottom-up processing」を支えるのが「英語力」である。読解をするときの「ボトムアップ処理」とは，書かれた文字を一つ一つ追いながら，文字から単語，単語から句や文，文から段落へと読み進め，最終的に文章全体の意味を理解していく過程のことだ。だから，単語を知っていればいるほど，文法を知っていればいるほど，このボトムアップ処理が速く正確に行えるようになるのだ。

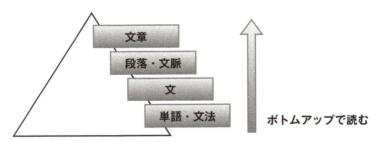

WHAT

　では，入試で求められる「英語力」とはどのような力だろう。「英語力」といっても色々な能力が思い浮かぶ。ペラペラ話せる人も，スラスラ書ける人も「英語力」の高い人だといわれる。そのような中で，大学院入試が求める「英語力」を定義するとしたら，以下のようになるだろう。

> 英検2級レベルの単語，熟語，文法，構文知識
> ＋
> 心理学の専門用語に関する英語知識

　英検2級レベル（大学入学レベル）の英語力に不安がある場合は，大学入試用の参考書などでもう一度基礎力をつけ直そう。これに加えて求められるのが，心理学用語を英語で書いたり，理解したりする力である。とくに，特殊な訳をもつ単語や頻出の表現に注意しながら学習を進める必要がある（第1部4章参照）。

第1章 求められる力と学習法

HOW

　スムーズなボトムアップ処理を可能にするためには単語力が必要だが，単語学習が苦手な学習者は多く，さっそく嫌気がさしてしまうかもしれない。そこで認知心理学の出番だ。記憶のメカニズムを利用して，単語の学習法を見直してみよう。例えば「自己開示：self-disclosure」という用語を記憶したいとき，どのように学習するだろうか？　おそらく「ひたすら書く，読む」といった丸暗記系の方法を採用する人が多いだろう。しかし記憶研究によれば，丸暗記によって記憶しておける情報の量には限界があるということだ。ではどうすれば記憶に留めておけるのか。認知心理学の知見を元に，2つの方略を紹介しよう。これらの方略を意識して，より効率的に用語学習を進めてほしい。

①精緻化：「知っていること」と結びつけて情報を解釈する方法

　たとえば，「JRKDDINHKYKK」という文字列を記憶するとき，そのまま覚えようとすると12の情報を記憶しなければならない。しかし自分がすでに知っていることと結びつけて，「JR」「KDDI」「NHK」「YKK」というかたまり（チャンク）で認識すると，4つの情報だけで済むことになり，記憶がしやすくなるのだ。これが精緻化の一種である「チャンキング」だ。英単語学習には，これに似た方略で「構成要素分解法」というものがある。たとえば「self-disclosure」であれば，「self：自己」「dis-：言葉の意味を逆にする」「clos(e)：閉じる」「-ure：名詞を表す」という4つの構成要素に分解して認識すると記憶の負荷が減るだけでなく，意味の理解を伴うことで記憶に留めておきやすくなるというものだ。他にも，人が自己開示している絵と単語を併せて記憶する「イメージ化」なども精緻化方略の一種である。

②体制化：情報どうしの関係を整理する方法

　体制化方略として最も代表的なものは「グルーピング」だ。それぞれの用語を単体で覚えるのではなく，類義語や対義語，派生語などをまとめて覚えたり，接頭辞・接尾辞を利用したりする。また，関連項目を枝葉に書いていく「メモリーツリー」や，概念間の関係を示した図である「コンセプトマップ（概念地図）」とよばれる方略も体制化方略の一種である。

5

求められる力②

心理学の知識 —トップダウンで読む力—

WHY

　文章を理解するとき，頭の中で行われる2つ目の処理が「**トップダウン処理**：**top-down processing**」であり，心理系英文を読むときにそれを支えるのが「心理学の知識」である。「トップダウン処理」とは，読み手がもつさまざまな既有知識（**スキーマ**：scheme）に基づく予測を，テキストに照らして確認する過程のことである。したがって，英文のテーマに関する既有知識が活性化されればされるほど，このトップダウン処理が促され，内容の理解は容易になるのだ。

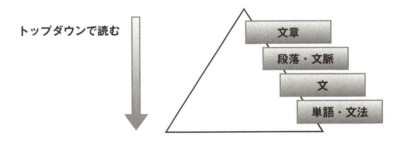

　突然だが，以下の文章を覚えてほしい。

> 雑誌より新聞の方がいい。通りよりも海岸の方が適している。最初は歩くより走った方がいい。上手くやるには何度も挑戦しなくてはならないだろう。ちょっとしたコツもいるが，つかむのは簡単だ。小さな子どもでも楽しむことができ，一度成功すると難なくこなせるようになる。ただ，あまりに多くの人がこれを一斉にやると大変なことになる。というのも，一人一人に十分なスペースが必要だからだ。コツさえつかめばのどかなものだ。錨として岩が使えるだろう。ただ，とれてしまうともう二度とやることはできない。
>
> 　　　　　　　　　　　　　　　　　　　（Bransford, 1972 より）

　内容を覚えて，再生するのはおそらく非常に難しいだろう。なぜかというと，何の話かわからないからだ。これが「凧揚げ」の話だとわかったうえで読んでみる（つまり自分の「凧揚げスキーマ」を活性化する）と，話がより理解しやすいことが実感できるだろう。日本語の文章でさえ，このような現象が起こる。したがって，より難しい英語の文章を読むときにこそ，この「トップダウン処理」が必要になってくるのだ。

大学院入試の英語長文問題は，ほとんどが心理学に関する英文である。したがって，英文を目の前にしたとき，いきなり字面を追いはじめるのではなく，目に入る**キーワードからテーマを把握し，そのテーマに関する心理学的な背景知識を活性化してから読みはじめる**ようにするとよい。

WHAT

では，具体的にどのような知識が必要なのか見てみよう。

①心理学の内容的知識
　知識の深さよりも広さが重要である。英語の試験では，日本語で読むのさえ難しいような専門的な内容はまず出題されない。むしろ，さまざまな領域からの出題に備えて，広く浅く学習しておくことが求められる。
②研究法・論文構成に関する知識
　英語論文からの抜粋がそのまま出題されることも多い。研究の流れや論文の構成に関するスキーマをもっておくことで，次に続く内容を予測しながら読み進められるようになる。
③統計法に関する知識
　統計に関する知識がない状態で，結果の記述を理解することは難しい。逆に，分析手順や結果の記述のされ方を知っていれば，英文自体にくまなく目を通す必要はなくなる。また，結果を示すグラフや表が読みとれると，英文理解が助けられることも多い。

HOW

　以下の3点を意識しながら，「人に説明できるレベル」を目指して用語知識を固めていこう。

●概念の定義　●代表的な研究例　●関連概念との類似点，相違点

たとえば「古典的条件づけ」という概念について学習する際には，内容を理解するだけでなく，「パブロフの犬」の研究を説明に用いたり，「オペラント条件づけ」との類似点，相違点を理解したりするとよい。

求められる力 ③

解答能力 —わかりやすく伝える力—

WHY

　先に述べた「英語力」と「心理学の知識」があれば，ひとまず訳すことはできるだろう。しかし，それだけでは合格を確実にすることは難しい。なぜなら，**ひとまず訳したレベルの回答はほとんどの受験者が書けてしまう**からだ。では何が差を生むのか。それが「わかりやすさ」である。採点者は同じ英文に対する訳をくり返し読み続けている。そこで評価の重要な観点となるのは，一語一句逐語的に英語を日本語に変換できているかではなく，**内容を理解し，適切な和文でそれを表現しているかどうか**なのである。

　また，大学までとは異なり，大学院入学後は研究に従事する者として自身の研究を発信することが求められるようになる。その際に必要とされるのがわかりやすく伝える力であり，入試ではそうした力が試されるのだ。

WHAT

　入試英語を解くときに必要な「解答能力」とは以下の通りである。

> 1　制限時間内に
> 2　正確で
> 3　わかりやすい答案を作成する力

　ほとんどすべての大学で，入試には制限時間が設けられている。その時間内に，正確さとわかりやすさを兼ね備えた答案を仕上げる必要がある。右のグラフで見る通り，「正確さ」は必須条件であり，合否を分けるのが「わかりやすさ」だ。まずは前者の条件を確実にしたうえで，後者を満たせるように演習をするとよいだろう。

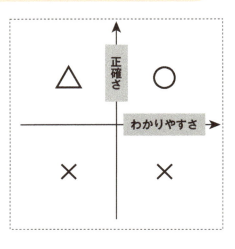

HOW

　では，先に挙げた3つの条件をどのように満たせるようになるのか，普段の学習時に意識すべき点をそれぞれ見てみよう。

1. 制限時間

　制限時間内に解ききるためには，いうまでもなく，制限時間を設けた演習が必要だ。しかし，はじめからそうするべきかというとそうではない。まずは基本となる「英語力」や「心理学の知識」を身につけよう。入試の3〜4ヶ月ほど前から過去問演習を開始するとよいが，本格的な制限時間を設けるのはここからにしよう。そのときには，課される文字数（解答の量）と時間（解答のペース）の感覚を養うことを意識して取り組んでほしい。

2. 正確さ

　正確さの指標となるのは以下の2点である。

●**逐語的な訳の正確さ**　単語の訳し方や，文法，構造のとらえ方に関する正確さは最低限確保されなくてはならない。英検2級レベルの英語力を目安に，大学入試用参考書をもう一度活用し，基本的な英語知識の確認，定着に努めよう。また，心理学用語の学習には，心理学用語辞典や用語集が役に立つ。さまざまな種類があるが，自分が最も使いやすそうなものを選べばよい。

●**文章の意図に関する正確さ**　これは，文章構造全体の読み取りに関するものである。普段の演習時から，最後に自分が作成した訳を読み直し，全体として話の筋が通っているか確認する習慣をつけよう。

3. わかりやすさ

　わかりやすい答案が書けるようになるには，以下の2点を意識するとよい。

●**他者を想定した解答**　話の内容を知らない他者が，自分の訳した和文を読んで理解できるかどうか，常に意識しながら訳すようにしよう。時には実際に読んでもらうのも有効だ。自分の訳について，自分ではなかなか気づくことのできない特徴や弱点が見えてくるかもしれない。

●**リバイスの習慣づけ**　解答は必ず読み返し，文意を損なわない程度に意訳し直す習慣をつけよう。

本書の利用法 &
ノート作りのススメ

　本書の第2部は，100のテクニカルタームを中心に問題演習を行う形式になっている。そこで，演習時のノート作りについてご紹介しよう。

```
┌─────────────────────────┐  ┌─────────────────────┐
│ ①番号・ターム名         │  │ 復習欄              │
│ ┌─────────────────────┐ │  │ ④英語知識編        │
│ │②問題文のコピー      │ │  │ ・                  │
│ │                     │ │  │ ・                  │
│ │                     │ │  │ ・                  │
│ │                     │ │  │ ⑤用語知識編        │
│ │                     │ │  │ ・                  │
│ ③解答                 │  │ ・                  │
│ ─────────────────────  │  │ ・                  │
│ ─────────────────────  │  │ ・                  │
│ ─────────────────────  │  │ ・                  │
│ ─────────────────────  │  │ ・                  │
│ ─────────────────────  │  │ ・                  │
│ ─────────────────────  │  │ ・                  │
└─────────────────────────┘  └─────────────────────┘
```

① テクニカルターム自体に関する知識が十分でない場合は，英語の問題演習を行う前に，本書の姉妹本である「心理学編」を活用して背景知識を得ておくようにしよう。

② 見直しができるように，問題文のコピーを貼る。復習の際には，知らなかった単語の訳や，構文の取り方等，色ペンを効果的に使用して情報を書き加えていこう。

③ まずは解答してみよう。後で直しを入れられるように，解答は1行おきに記述すること。本書で扱う50の長文問題は，下線部訳あるいは要約という出題形式になっている。ただし，各英文に全訳も付されているため，志望校が全訳を求めるような場合には，演習でも全訳を行うとよいだろう。

④ 問題文で扱われた熟語表現や重要構文は必ず復習するようにしよう。

⑤ 本書ではタームごとに関連用語を多数載せている。それらについて，英語訳と対で記しておくのはもちろん，2行程度の簡単な用語説明を加えて復習しておくのも効果的だ。

10

第2章

出題傾向分析

　一言で"心理学"といっても，"○○心理学"と挙げていくときりがないほど，実にさまざまな領域がある。さらに1つの"○○心理学"をとってみても，そこでは数えきれないほど多くのテーマが扱われる。したがって，この膨大な学習範囲を目の前に，いかに効率よく強弱をつけた学習ができるかが勝負のカギを握るのだ。そこで本章では，それらの中からとくに**入試で頻出の領域**を確認していくことにする。まずは英語の入試問題を以下の大きな3領域に分けて出題傾向の把握を行い，それぞれの領域における頻出テーマを見ていくことにしよう。さらに本章の後半では，**入試で見られる解答形式**についても整理を行う。志望校決定前の学習や，決定後の過去問分析を行いやすくするために役立ててほしい。

基礎心理学領域

認知心理学や発達心理学，知覚心理学といった基礎心理学領域と，教育心理学のような臨床心理学以外の応用領域

臨床心理学領域

クライエントの支援に関わる実践的側面と，その実践をより効果的なものにするための研究的側面を含む領域

一般領域

心理学とは関連のない領域

出題領域大別

　ここでは，過去３年間の心理系大学院英語入試で出題された638の長文を対象に，領域ごとの出題数を整理した表を示す。

	27年度	28年度	29年度	合計（割合）
基礎	99	70	55	224　（35%）
臨床	103	77	114	294　（46%）
一般	48	30	42	120　（19%）
計	250	177	211	638（100%）

　※　対象：関東，関西方面の80校，長文を含む問題のみで短答式は含まない
　※　対象とした大学は年度により多少異なる

　必ずしも臨床心理学領域からの出題に限られないことが表から読み取れるだろう。もちろん，大学院ごとに出題傾向は異なるため，あくまでも全体的な傾向の把握として参照してほしい。ただ，志望校を絞り込まない限り，かなり広い範囲の英文を読めるように準備する必要があるとわかる。

●本章で参考にした入試問題出題校●

愛知学院大学 ／ 愛知教育大学 ／ 愛知淑徳大学 ／ 青山学院大学 ／ 跡見学園女子大学 ／ 桜美林大学 ／ 大阪市立大学 ／ 大阪経済大学 ／ 大阪樟蔭女子大学 ／ 大阪大学 ／ 大阪府立大学 ／ 大妻女子大学 ／ お茶の水女子大学 ／ 学習院大学 ／ 神奈川大学 ／ 川村女子大学 ／ 関西国際大学 ／ 関西大学 ／ 関西福祉科学大学 ／ 岐阜大学 ／ 京都学園大学 ／ 京都教育大学 ／ 京都光華女子大学 ／ 京都女子大学 ／ 京都ノートルダム女子大学 ／ 京都文教大学 ／ 金城学院大学 ／ 甲子園大学 ／ 甲南大学 ／ 神戸学院大学 ／ 神戸女学院大学 ／ 神戸親和女子大学 ／ 神戸大学 ／ 国際医療福祉大学 ／ 駒沢女子大学 ／ 駒澤大学 ／ 埼玉工業大学 ／ 淑徳大学 ／ 首都大学東京 ／ 上智大学 ／ 白百合女子大学 ／ 駿河台大学 ／ 聖心女子大学 ／ 聖徳大学 ／ 専修大学 ／ 創価大学 ／ 大正大学 ／ 中京大学 ／ 帝京平成大学 ／ 帝塚山学院大学 ／ 帝塚山大学 ／ 東海大学 ／ 東京学芸大学 ／ 東京家政大学 ／ 東京国際大学 ／ 東京女子大学 ／ 東京成徳大学 ／ 東京大学 ／ 東京福祉大学 ／ 東洋英和女学院大学 ／ 奈良大学 ／ 日本女子大学 ／ 日本大学 ／ 日本福祉大学 ／ 人間環境大学 ／ 花園大学 ／ 兵庫教育大学 ／ 佛教大学 ／ 放送大学 ／ 武庫川女子大学 ／ 武蔵野大学 ／ 明治大学 ／ 明星大学 ／ 横浜国立大学 ／ 立教大学 ／ 立正大学 ／ 立命館大学 ／ 龍谷大学 ／ ルーテル学院大学 ／ 早稲田大学

出題領域 ①

基礎心理学領域

　以下の表では，基礎，および臨床心理学以外の応用領域からの出題を分類している。本書の第2部，1章〜6章でさらに詳細な傾向と対策を述べているため，そちらもしっかり読んでおこう。

出題領域	27年度	28年度	29年度	合計（割合）
科学的心理学の特徴・研究法	15	15	14	44（20%）
学習心理学	5	3	2	10（4%）
生理・知覚心理学	7	4	2	13（6%）
認知・行動心理学	8	3	5	16（7%）
発達心理学	35	22	18	75（33%）
社会心理学	21	20	9	50（22%）
教育心理学（知能・情動・動機づけ）	8	3	5	16（7%）
計	99	70	55	224（100%）

＜ココをチェック＞

● 全体的な傾向として，「発達心理学」，「社会心理学」，「科学的心理学の特徴・研究法」からの出題が例年多く見られる。

● 科学としての心理学の特質を述べた文章，実験や調査を行ううえでの注意点について述べた文章などが見られる。

● とくに，発達系の大学院では発達心理学分野から，教育養成系大学院，あるいは教育学研究科では，教育全般に関わる英文が好んで出題される傾向がある。

● 学校種別で見ると，国立や難関私立大学で，臨床心理学以外の領域からの出題が比較的多い。

● 「生理・知覚心理学」などは出題校が限られるため，過去問分析を行うとよい。

● いずれにせよ，応用領域を理解するうえで必須の知識ばかりである。長文で出題されなくともしっかりと理解しておきたい。

出題領域 ②

臨床心理学領域

　以下の表では，臨床心理学領域からの出題を分類している。本書の第2部，7章～10章でも傾向にふれているため，近年とくにどのような内容が頻出となっているかおさえておくようにしよう。

出題領域	27年度	28年度	29年度	合計（割合）
精神障害	16	21	21	58　（20%）
精神力動学/精神力動的心理療法	14	6	17	37　（13%）
行動療法・認知行動療法	5	2	11	18　（6%）
人間性心理学/CL中心療法	12	8	5	25　（9%）
家族療法	4	1	3	8　（3%）
コミュニティ・学校心理学	6	2	5	13　（4%）
発達臨床/発達障害	14	12	17	43　（15%）
その他の心理療法	17	16	19	52　（18%）
メンタルヘルス	9	7	4	20　（7%）
臨床心理学的研究	6	2	12	20　（7%）
計	103	77	114	294（100%）

＜ココをチェック＞

● 例年頻出となっているのは「精神障害」，「その他の心理療法」，「発達臨床 / 発達障害」である。

● 「その他の心理療法」には，特定の心理療法ではなく，心理専門職としての態度について述べた文章などが含まれる。

● クライエント中心療法が少ないように見えるが，心理療法の基礎として「その他の心理療法」に含まれてしまうことがあるためである。

● 心理療法の中では，「精神分析療法」に関する出題が多い。

● 臨床心理学コースを近年開講した大学院ほど，臨床心理学領域からの出題が多い。

● 地域別に見ると，関東方面の大学院では「精神障害」，関西方面では「精神分析」に関する出題が多い傾向にある。

出題領域 ③

一般的な英文

　以下にあげるように，心理学とは直接的に関係のない，一般的な英文を出題する大学院もある。

心理学以外の英文出題歴のある大学

跡見学園女子大学 / 早稲田大学 / 学習院大学 / 東京女子大学
神戸女学院 / 大阪大学 / 京都学園 / 東京大学 / 東海大学　など

出題テーマ例（2012年度過去問題より）

騒音が及ぼす影響について
アメリカにおける受動喫煙の影響について
化粧品の名前の変遷について
アメリカ人とオランダ人の仕事に関する考え方の違いについて
途上国における環境保護について
インターネットについて
日本人の特徴について
人間であることの定義について
言語の起源と歴史について　　　　　　　　　　　　　　など

＜ココをチェック＞

●扱われるテーマはさまざまであるため，予測を立てて対策を講じるのはほぼ不可能である。

●こうしたテーマについては，1章で紹介した「知識を利用した読み」というのが難しいことも多いため，ボトムアップ的な読み方でも十分理解できるくらいの英語力を身につけて臨まなければならない。

●必要な英語力のレベルは大学によって異なるため，章末で紹介する過去問分析をしっかりと行い，目標を定めるとよいだろう。

第2章　出題傾向分析

解答形式 ①

訳を求める問題

　入試問題の形式で**最も多く見られるのが，訳を求めるもの**である。志望校の過去問題をもとに，**問題の形式，英文の量，1題に費やせる時間の確認**をしておこう。解答にあたって特別な指定がある場合も注意したい。

■入試問題

> 形式：全訳，部分訳（サマリーのみ，最終段落のみなど），下線部訳
> 英文の長さ：1文〜40行とさまざま。15行前後のものが多い。
> 特別な指定：直訳でも意訳でもかまわない（日本女子大学）
> 　　this が指しているものがわかるように訳すこと（桜美林大学）
> 　　文法的精密さより意訳を重視する（大阪経済大学）　　など

■解答法

まず行うのはテーマの把握だ。ヒントになるのは以下の3つ。

① **タイトル**　タイトルとは「英文の究極の要約」ともいえる。入試問題では書かれていないことも多いが，ある場合は1番に見ておきたい。

② **出典**　タイトルがなくても，出典は書かれていることが多い。ジャーナル名を見て，領域を把握するだけでもテーマを知る助けになる。

③ **キーワード**　訳しはじめる前に，英文や問いにざっと目を通し，専門用語や人名，くり返し出てくる単語などから文章のテーマを予測しておこう。

> **全訳**
> 　**一度で完璧な訳を作ろうと思わないこと**。わからない箇所があっても，先を読むと推測できることもある。行きつ戻りつしながら，意味をなす訳文を目指そう。**最後に全体の筋が通るようにリバイスする**ことも忘れずに。また，わからない単語があっても，そのままアルファベット表記で残すのではなく，意味を推測して必ず和訳すること。

> **下線部訳**
> 　下線が引かれやすいのは以下の2ヶ所。
> ① **英文の構造が複雑な文**　構造分析を行ったうえで，構文（例：強調構文），文法（例：仮定法）事項を明確に訳出することを心がけよう。
> ② **内容が難解な文**　下線部周辺に言い換え表現がないか探すこと。下線部に至る文脈や，文章全体の論調を受けた訳にしないと的外れになることがあるため，時間の許すかぎり文章全体に目を通したい。

解答形式 ②

要約を求める問題

第2章 出題傾向分析

　訳す問題に次いで多く見られるのが，要約を求める問題だ。要約問題は，英文を読み取る力に加え，文章をまとめる「国語力」も問われる問題である。制限字数の中で，必要な情報を網羅し，筋の通った文章を組み立てることができるように演習しておこう。

■入試問題

> 内容：文章の大意，研究の概要，著者の主張の要約など
> 英文の長さ：A4用紙1〜1枚半程度のものが多い
> 字数：100字〜800字とさまざま。字数指定のない大学も。
> 特殊なもの：研究論文の概要を要約
> 　　　　　　（東京女子大学，白百合大学，日本大学，明治大学など）
> 　　　　　　著者の主たる議論について英語で要約（大阪大学）

■解答法
　まずは一般的な英語の文章に多く見られる構造をおさえておこう。

①**文章のテーマ**　英語の文章では，冒頭の段落で文章全体のテーマが述べられることが多い。

②**各段落の要点**　英語の文章には「段落の数だけ言いたいことがある」。そしてそれらは段落の冒頭（稀に最後の一文）に書かれていることがほとんどである。

③**その他の部分**　各段落の中盤では，要点を支える根拠や例が述べられていることが多い。

　要約問題では，上記の①，②をまとめていくことになる。③をどの程度含むかは，制限字数による。①，②のみで制限字数の9割を超える場合には，無理に例など含む必要はない。ただし，9割に満たない場合や，話の筋を通すために必要と感じる場合には，適宜③の情報を補うようにしよう。

> **メモを残そう！**
> 　要約問題を解くときに重要なのが，良質な**メモを残す**こと。**下線を引く，◯で囲む**といった方法でもよい。それらの情報をつなぎ合わせ，意味を成すわかりやすい要約文を作成できるようにしたい。

17

＜研究論文の要約＞

　入試では，研究論文の要約を求められることも多い。その場合のまとめ方として，以下に２つご紹介しよう。どちらの枠組みを使うかは，内容上のまとめやすさや制限字数，制限時間と照らして決めるとよいだろう。

①論文の流れに沿ってまとめる

　研究論文には，以下のようにある程度決まった流れがある。それぞれの項目に該当する内容を読みとりまとめていくことで，必要な情報をしっかりおさえた要約文を作成することができる（第１部４章参照）。この方法は制限字数が比較的多い場合に有効であろう。

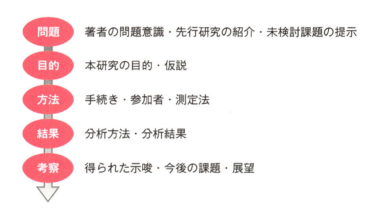

②独立変数，従属変数でまとめる

　とくに制限字数が少ない場合に有効なまとめ方として，独立変数と従属変数を中心に組み立てる方法もある。

　上記の例の場合，最も簡単にまとめると「本研究は，集団か個別かという指導形態の差によって生徒の成績が異なるかを検討したものである」となる。あとは字数に応じて，方法や結果についての記述を肉づけしていくことになる。

解答形式 ③

内容理解を求める問題

　全訳問題と並んで多く見られるのが，内容の理解を求める問題である。問われる内容はさまざまであるが，解答の仕方についてはある程度共通の方略が存在するため，ここで確認しておくことにしよう。

■入試問題

> 形式：選択肢，記述，○×（T or F）など
> 英文の長さ：A4用紙1枚以内のものが多い
> 内容：内容正誤問題（上智大学，目白大学，桜美林大学など）
> 　　　本文の内容読み取り（学習院，淑徳，神奈川大学など）
> 　　　文の整序問題（東京学芸大学）
> 　　　キーワードを挙げる問題（京都文教，東京福祉大学）
> 　　　指示語の内容理解（東洋英和大学）
> 　　　因子名の選択問題（京都教育大学）　　　　　など

■解答法
ここではよくある2つの疑問に答えたい。

> #### ①設問には目を通す？
> 　本文を読みはじめる前に，設問にはざっと目を通すようにしよう。あくまでも「ざっと」通すこと。あまり熱心に理解しようとすると，時間を使いすぎてしまったり，逆に混乱したりすることにつながる。目的は，**設問の大体の内容を把握しておくこと**と，単語から**本文の内容を推測**しておくことである。これらをすることで，本文を読みながら該当箇所を確認することができ，結果として，解くときの時間短縮につながる。

> #### ②読みながら解く？
> 　読みながら解ける問題（内容読み取り，指示語の内容理解など）と，そうすべきではない問題（文整序，キーワード選択など）に分かれる。内容正誤問題には注意が必要だ。問いの項目が本文の流れに従った順序で並べられている場合は，読みながら解く方がよい。一方で，項目の順序が本文の流れと異なる場合には，全体を読み切ってから解くようにしよう。過去問演習を通して，ある程度の方針を立てておくとよい。

第2章　出題傾向分析

解答形式 ④

意見や考えを求める問題

　近年，**英語力だけでは対応できない問題が増加傾向**にある。ただし出題校は限られるため，志望校の傾向をしっかりと把握しておくようにしよう。

■入試問題例

①下線部の状況について考えられる具体例を２つ挙げる（神奈川大学）
②本文の研究結果から示唆されることを考えて解答する（帝塚山大学）
③下線部の状況を調査や実験で検証する場面を想定し説明する（明治大学）
④英文を読み，大学の学生相談室のカウンセラーになったつもりで，自分にどのようなことができると思うか述べる（日本大学）
⑤要約し，内容に対する考えを６００字以内で記述する（武蔵野大学）
⑥英文にタイトルをつける（京都文教，聖心，大阪市立大学）
⑦好きな心理学者について英語で５文書く（上智大学）
⑧旧姓を名乗ることへの賛否，意見を英文で述べる（早稲田大学）

■解答法

長文に関するもの　①〜⑥
　いずれの問題も，英文の内容を正しく読み取ることが必須である。加えて，①〜③のように，正解・不正解が存在するものについては，**奇抜な解答は目指さず，無難で間違いのない解答をすること**。④，⑤には正解がないが，**「本文の内容をふまえて記述する」**という姿勢は同じである。著者の立場と自分の考えを比較しながら，**できるだけ具体的に述べる**ようにしよう。さらに，⑥については，本文中のキーワードを網羅し，かつ端的に言い表したタイトルがつけられるように，普段の長文読解演習時から練習しておくとよいだろう。

長文と関係のないもの　⑦，⑧
　こうした出題に関しては，試験当日までそのお題が予測できない。したがって，当日どのようなテーマが与えられても対応できるように，**英語の言い回しのレパートリーを増やしておこう**。また，**いきなり英語で書きはじめないこと**。まずは日本語で内容をメモし，英語に置き換えていく方がよい。⑧のように制限字数がない場合，序論，本論，結論といった**流れを意識して書くことも大切だ**。

解答形式 ⑤

知識を求める問題

　入試では，知識を問う問題も多く出題される。大きく分けると，**専門的な知識を問うものと，英語の知識を問うものがある**。前者については，とくに近年**用語説明問題が増加傾向にある**ため，十分な演習をしておきたい。後者については，大学入試レベルの対策をしておけば十分だが，和文英訳問題が出題される場合には，辞書の例文などを参照して特別に演習しておくようにしよう。本書第2部の「用語Q&A」もぜひ活用してほしい。

■入試問題例

＜専門知識を問うもの＞

●長文中の（　）内に入る専門用語を選択（関西，目白大学）
●本文中の（　）内に入る人名を解答（神戸女学院大学）
●下線部の専門用語について日本語で内容を説明（明治，神戸大学）
●短い英文で説明された専門用語を日本語で解答（駒澤，東京成徳，駿河台大学など）
●専門用語和訳（愛知学院，京都教育，神奈川，東京家政大学など）
●専門用語を和訳し，2〜3行で説明（中央大学）
●分析方法，研究方法を解答（京都文教大学）
●著者が提唱した別の用語について説明（明治大学）
●本文中の尺度水準以外の水準について説明（明星大学）　　　など

＜英語知識を問うもの＞

●単語・熟語の意味を選択（学習院，東京学芸大学など）
●同義語を抜き出し・同義語を考えて解答（学習院大学，大阪大学）
●前置詞の穴埋め（桜美林，上智大学など）
●語順整序（東京学芸大学など）
●主語に対応する動詞を解答（日本女子大学）
●和文会話表現の英訳（国際医療福祉大学）
●和文英訳（桜美林大学）　　　　　　　　　　　　　　　　など

第2章　出題傾向分析

過去問分析のススメ

　前ページまでを読んだところで，問われる範囲の広さに驚いたかもしれないが，実は何も恐れることはない。過去問分析さえ怠らなければ，その負担はずいぶんと軽減されるはずだ。以下に，英語入試問題に対する分析の観点と方法を示す。この流れに沿って過去問分析を行い，志望校合格に向けて効率のよい勉強を実現しよう。

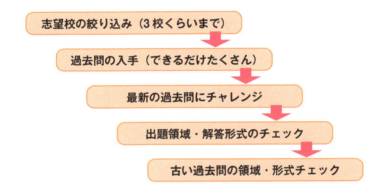

　ここまでで，例えば「心理療法に関する全訳問題が多い」など，志望校の入試における頻出領域と解答形式の大まかな把握ができる。注意したいのは，あくまでも最新のものから解くということ。先生方に大きな移動がなければ，傾向が大きく変化することはまずない。「敵を知り，目標を定めること」が非常に大切なのである。さて，ここまでくればあと少し。

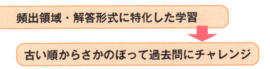

　先ほどの例でいえば，「心理療法」についての重点的な学習，英語長文の「全訳」演習に移ることになる。ヒルガードや英語論文，市販テキストを利用するほか，似たような傾向が見られる他大学の過去問を解いてみることもおすすめである。いずれにせよ，範囲を狭めることで勉強は格段に進めやすくなるはずだ。

第3章 英文読解10の鉄則

　英文を読解するときにおさえておくべきポイントは無数にある。本章では，その中でもとくに心理系英文を読む際に役立つものについて，10の鉄則としてまとめていく。本書は文法解説書ではなく入試対策本であり，学習のコツやポイントを示すことを目的としているため，それぞれの項目についてより深く学びたい場合には，文法参考書を片手に読み進めることをおすすめしたい。いずれにせよ，ここであげる10の鉄則についてしっかりと理解し，読解をスムーズに進めるためのツールとなる知識として身につけておこう。

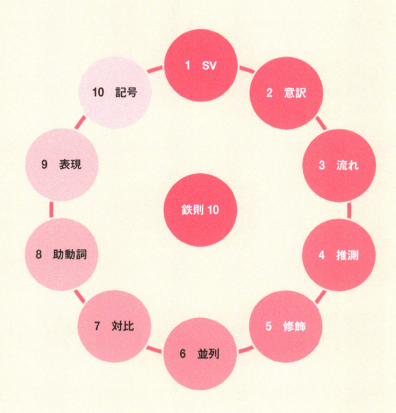

鉄則① 主語と動詞を把握する

演習▶第2部 18・58

　英文を読むうえで最も重要なのが，主語と動詞を把握することである。ちなみに，**1つの文には必ず1つ中心となる動詞**がある。主語が省略されることはあるものの，動詞がない文は文とはよばない。人間でいえば心臓に当たるこの動詞を中心に，「何がどうした」，「何が何だ」というレベルで，**核となる内容をおさえる**ようにしてほしい。

- 修飾部分をそぎ落とし，**主語（S）の核**を見つける
- 形，意味の対応から動詞（V）を同定する

＜核となる内容を読み取る＞

```
＜ The lady （in a white shirt）［who is talking （with your mother）
   女性は      白いシャツを着た    話している        あなたのお母さんと

（in that room）］＞  works   （as a volunteer）  （for a long time）.
　あの部屋で         働いている   ボランティアとして     長い間
```

🈞　あの部屋であなたのお母さんと話している白いシャツを着た女性は，長いことボランティアとして働いている。

　複雑な文のようにも見えるが，実は lady や works にいろいろな飾りがついただけの文である。このように核となる主語と動詞を同定できれば，**大まかな文意を把握**することができる。ここで大切なのは，冒頭はじまった主語がどこまで続くのか待ち受けながら読み進めることだ。文の中心となる動詞を正確に見極めるために必要なのは，**修飾語（句・節）ごとに英文を区切っていく力**である（鉄則5参照）。これができるようになると，英語の語順のまま訳していっても十分に意味を理解することが可能となり，速く正確に読めるようになるだろう。中心となる動詞を見極めるには，次に示すような情報をヒントにすることもできる。

＜意味の対応をヒントに V を見つける＞

```
＜ The book  ［bought （by him） yesterday］＞  was   expensive.
   Sの核                                      中心となるV
```

🈞　彼が昨日買った本は高かった。

「本は高価だった」というのが核となる内容である。bought からはじまる分詞句に「どのような本か」が書かれている。この文には過去形の動詞が２つある。中心となる動詞を見極める際，主語との意味的対応がヒントになることがある。ここでも，「本が買った」というのは意味的にありえない。すると，bought が S を修飾する分詞であり，S に対応する動詞が was であると同定できる。

＜形の対応をヒントに V を見つける＞

＜ **Children** ［whose experience has taught them to select
Sの核 　　　　関係詞節内のS 　　関係詞節内のV

aggressive responses （at high rates）］＞ **learn** to expect others
中心となる V

to respond aggressively （toward them）.

🆁　高い割合で攻撃的な反応を選択するような経験をしてきた子どもは，彼らに対して他者が攻撃的に反応すると期待することを学習する。

「子どもは学習する」というのが核となる内容である。まずはこれをおさえたい。whose からはじまる関係詞節に「どのような子どもか」，to 以降に「何を学習するのか」が書かれている。関係詞が使用されている場合，中心となる SV と，関係詞節内の SV を見分ける必要がある。children（複数形）と has taught（単数形）が形のうえで矛盾してしまうことから，S に対応するのが learn であると考えることができる。このように動詞の形もヒントとして利用できるようにしておこう。

Point ●印を定めて構造を視覚化する

　書き込みのないきれいなままの英文をよく見かけるが，**演習を行う際には積極的に手を動かす習慣をつけよう**。例えば，主語を＜　＞，動詞を○，修飾部分を（　）や［　］で囲むといったように，自分なりのルールを定め，**構造を可視化して**ほしい。慣れると印を入れなくても読めるようになり，スピードも正確さも上がる。

鉄則② 積極的に意訳する

演習▶第2部 12・53

1章でもふれたように，大学院入試を突破するには，わかりやすい解答を書かなくてはならない。原文の文法構造や単語を忠実に再現した直訳より，文脈の意味するところを適切に表現した意訳の方が高い評価を得られる。以下に示す例のように，それぞれの訳を場合によって使い分けられるようにしておこう。

＜原文＞
The Japanese sense of unease in their past relations with foreign nations and their insensitivity and obtuseness in dealing with others may seem to be poor preparation for Japan to play a leading role in developing international fellow feeling, but the openness of young Japanese to the outside world does hold out hope that they can rise to the challenges.

＜直訳＞
外国との過去の関係における日本人の不安感と外国と付き合う際の日本人の無感覚と鈍感さは，日本が国際的仲間意識をもつのに主導的役割を果たすための貧しい準備であるように思われるが，外の世界に対する日本の若者の開放的態度は，実際この課題に立ち向かうことができるという希望を与えてくれる。

> 英文に忠実に訳すとこのようになるが，このような訳ではほとんど差がつかない。これをリバイスしてわかりやすい訳にしよう。

Point 直訳をもとにリバイスする

＜意訳＞
外国との過去の関係に不安を抱いているし，また外国との付き合いが不器用で下手なので，日本人が率先して国際的仲間意識をもつためには準備不足の感があるが，外の世界に対する日本の若者の開放的態度をみていると，日本の若者こそは実際，この難題に立ち向かえるのではないかという希望がもてるのである。

> 訳す問題ではこのレベルのわかりやすさを目指して仕上げたい。直訳をもとにこの程度意訳できるように練習しよう。

<ニュアンス訳>

日本は外国との関係に不安があったし，それに付き合いが下手だから，しっかりした国際感覚がなかなかもてないでいる。それにしても近頃の若者は開放的だ。彼らならこの厄介な問題にうまく対応してくれるのではないか。

> 訳を求める問題の該当箇所以外は，この程度意味の把握ができれば十分である。厳密に読もうとして時間を使いすぎないこと。

Point ●無生物主語をそのまま訳さない

The heavy stomachache forced me to stay at home.
直訳：「ひどい腹痛が私に家にいることを強いた」

　生き物でないものが主語の場合，そのまま直訳すると不自然になってしまう。このような文は，目的語を主語にして訳すとよりわかりやすい訳にすることができる。
意訳：「ひどい腹痛のため，私は家にいるしかなかった」

Point ●名詞化表現は動詞中心の表現にして訳す

He is a good speaker of English. 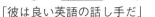 He speaks English very well.
　「彼は良い英語の話し手だ」　　　　　　「彼はとても上手に英語を話す」

　両方とも結局は同じことをいっているが，動詞中心の和文の方がはるかにわかりやすい。厳密な訳を求める文法問題でない限り，動詞中心の表現にして訳した方がよい。

Point ●代名詞の訳を工夫する

[内容を具体的に書く]
　代名詞をそのまま訳すのではなく，その代名詞が指す内容を明らかにして訳した方がわかりやすい訳になることが多い。
[くり返し出る人称代名詞は訳さない]

Jenny thanked her father for giving her what she wanted.
「ジェニーは彼女が欲しかった物を彼女にくれたことについて彼女の父親に感謝した」
　→　「ジェニーは欲しかった物をくれた父親に感謝した」

| 鉄則③ | # 流れをつかむ |

演習 ▶ 第2部 32・38・50

　長文を読み進めながら,「あれ?　さっき何て書いてあったっけ?」と,前に戻って読み直した経験はないだろうか。長文には必ず話の「流れ」が存在する。この「流れ」を把握しながら読まないと,話の筋をつかめないまま時間だけが無駄に過ぎてしまうことになる。ここでは,流れを把握するためのコツと,目印となる情報についてご紹介したい。これらを常に意識しながら読み進めるようにしてほしい。

＜文章全体の流れの把握＞

　英語で書かれた文章は,和文と比較するとその構造の明確さが際立つ。ほとんどの場合,冒頭の段落で文章のテーマが紹介され,各段落には異なる内容が記されている。各段落で筆者が最も言いたいこと(要点)を把握しながら読み進めることで,話の全体像が見えやすくなる。

> **Point** ●各段落の要点をメモしておく

　鉄則2でもふれたように,積極的に手を動かしながら読む習慣をつけること。たった一度しか読んでいない話の内容をすべて覚えておくことなど,日本語ですら難しい。**どの辺りに何が書かれていたか,目に見える形で残しておくこと**で,筋の正確な把握と,解答時間の大幅な短縮につながる。

> **Point** ●数字情報を利用する

　英文では,その後述べられる内容について,あらかじめ数が示されることが多い。たとえば,「自閉症の主な症状は3つある」といった感じだ。このような場合,**その後の話の展開に対してある程度予測を立ててから読む**ようにしたい。実際,「1つ目は」「2つ目は」「最後は」というように話が展開することはよくある。心の準備をしておくことで情報の整理がしやすくなり,内容理解も容易になるだろう。

> **Point** ●文章構成の知識を利用する

　第2章でも紹介したように,論文には決まった流れというものがある。**この流れに沿って論文の内容をまとめる練習**もしておこう(第4章参照)。
　目的:どのような目的でその研究を実施したのか

方法：誰にどんな手続きで，どのような材料を用いて研究を実施したのか
結果：どのような結果が得られたのか
考察：なぜそのような結果が得られたのか

<段落内の流れの把握>

次に，もう少しミクロなレベルで「流れ」を読み取るヒントについて見ていこう。文から文へ，**論理展開を組み立てる主役は接続詞や接続表現である**。これらを目印に，文と文の関係を正確につかもう。ここでは，それらの中でも頻出のものとその代表的な訳を紹介する。

 ●接続詞・接続表現を利用する

<逆説> 前文に新たな情報を加える

but / yet	しかし	however	しかしながら
though / although	～けれども	nevertheless	それにもかかわらず
while	～けれども	in spite of	それにもかかわらず

<原因・理由> 結果の記述を伴う

because	～なので	since	～なので
for	なぜなら	as	～なので

<言い換え・例> 内容理解の助けとなる情報を伴う

that is,	つまり	altogether	要するに
in other words	言い換えると	particularly	特に
namely	すなわち	specifically	具体的に言えば
for example	例えば	for instance	例えば

<追加情報> 前文に新たな情報を加える

moreover	さらに	besides	加えて
furthermore	そのうえ	similarly	同様に
in addition to	さらに	simultaneously	同時に

<帰結> 前述の内容を受けた文や結論を導く

therefore	ゆえに	consequently,	結果として
thereby	それによって	accordingly,	よって，したがって
thus	このようにして	because of this	これのために
hence	この理由により	owing to this	これのために
in consequence	その結果として	for this reason	この理由から

鉄則④ 推測する

演習▶第2部 16 ・ 22 ・ 25

　制限時間内に英文の大意をつかむためには，強弱をつけた読み方をしなくてはいけない。文章の内容というものは，すべてが同等に重要なわけではない。それほど厳密に理解しなくてよい部分もあるし，下手をすると読まなくてもよい部分すらある。**文章の内容を推測しながら，強弱をつけて読めるように，ここではまず手がかりとして利用できる情報を確認**しておこう。また，英文を読んでいると必ず知らない単語に出くわす。単語の意味がわからなくても，和訳問題では必ず何かしらの訳をあてなければいけない。そうした状況で利用できる**未知語の意味の推測法についても確認**しておきたい。

＜文の内容を推測する＞

Point　●テーマに関する既有知識を利用する

　文章の展開を推測するうえで最も有効なのは，**テーマに関して自分がもっている知識を活性化してから読みはじめること**である（第1章参照）。英文を読むときに行いがちなのが，字面を追うことに懸命になりすぎて文章の全体像を見失ってしまうことである。鉄則3で述べたように，後に続く話をある程度予測しながら読み進めるようにしたい。

Point　●接続表現を利用する

　鉄則3で見たように，**文と文をつなぐ接続表現は文章の論理展開を示すマーカーであり，次にくる内容をあらかじめ教えてくれるもの**である。
例：on the other hand（逆説）　→　前文と逆の内容が続くはず
　　that is,（言い換え）　→　前文と大体同じ内容がくるはず
　このような知識を頼りに，わからない部分を推測したり，逆に必要がなければ読み飛ばしたりできるようにしたい。ちなみに，for example からはじまる例を示す部分は，前文が理解できていれば読み飛ばしてよいことがほとんどだ。逆に前文がわからないときには，例を読むことで理解が深まるため，必ず目を通そう。

Point　●図表を利用する

　とくに論文からの出題には，図表が付されていることがある。この図表もまた，

本文の内容を推測する重要な手がかりとなるので、しっかりと目を通しておきたい。図表で確認すべき点は以下の3つである。

1. **タイトル**・・・論文のテーマを知ることができる
2. **横軸と縦軸のラベル**・・・独立変数と従属変数が確認できる
3. **データのパターン**・・・結果を推測することができる

＜未知語の意味を推測する＞

 ●単語のパーツを利用する

未知語の意味を推測するうえで最も有効な方法は、**単語を分解してそのパーツを見る**ことだ。たとえば、「unforeseeable」という単語の訳を知らなかったとする。しかし「un-（逆を表す接頭辞）」「fore-（前もってという意味の接頭辞）」「see（見る）」「-able（可能を表す接尾辞）」と分解すると、一つ一つの意味は基本的なものであり、組み合わせることによって「前もって見ることができない」、つまり「予測できない」という意味にたどりつくことができるだろう。また、「-ness」は名詞、「-ly」は副詞など、未知語の**品詞がわかるだけでも訳す助けとなる**。この方略を使いこなせるようになるためにも、**接頭辞や接尾辞に関する知識を蓄えておきたい**ところだ。

 ●文脈を利用する

① 前後の話の流れから、**その未知語がポジティブな意味をもつか、ネガティブな意味をもつかについて考える習慣**をつけよう。完璧な訳は当てられなくても、大きく外れた訳にしないために大切なことだ。
② 文章の別の場所に、**その未知語が言い換えられた表現がないか**探してみよう。似たような文の中に、別の単語で出てくることは少なくない。
③ その未知語について、**補足説明や例が記されていないか**確認しよう。たとえば、以下の文の「dipstick」という単語の訳を考えてほしい。

The car was making a funny noise, so I got out, opened the bonnet, and took out the *dipstick* to check the oil level.

「dipstick」という単語の訳を知っている人はほとんどいないだろう。他の部分を訳すと、「車が変な音を立てたので、私は外に出てボンネットを開け、オイルレベルを調べるために dipstick を取り出した」となる。しかも単語を分解すると「stick（棒）」という語が含まれている。ここまでくれば、「計量棒」という訳にたどりつくのはそれほど大変ではないはずだ。

鉄則⑤ 修飾関係を把握する

演習▶第2部 4・11・21・59

鉄則1で挙げた「主語と動詞の把握」を正確に行うためにも，修飾語（句・節）を見つける力が必要となる。ここでは心理系英文で多く見られるものとして，「前置詞句」，「不定詞」，「分詞」，「関係詞」について例文とともに確認していく。これらの文法事項に関して自信がない場合は，文法解説書を手に改めて学習しておくようにしよう。また，修飾関係を可視化し，核となる内容を読み取りやすくするために，カッコなどをつけることが助けになる。本項の解説も参考に自分なりのルールを決めておくようにしよう。

Point ●前置詞で区切る

前置詞は名詞を伴って前置詞句を作り，修飾句として働く。前置詞句を見つけたら（ ）で囲んだり，／で区切ったりして，何を修飾しているのか明らかにする練習をしよう。以下の文では，1，2が house を，3が corner を修飾する前置詞句である。

< **The house** （with the beautiful garden） （at the corner） （by the
　　　　　　　　前置詞句1　　　　　　　　　前置詞句2　　　　　前置詞句3

school） > **is** mine.

🈶 学校のそばの角にある美しい庭がある家は私の家です。

Point ●不定詞で区切る

不定詞は to に動詞の原形を伴って，「〜するための，〜すべき」，「〜するために」といった意味を作り，他の語を修飾する用法をもつ。見つけたら前置詞句と同じく印を付け，かたまりとして認識できるようにしておこう。以下の例文では，to 以降が bought を修飾する不定詞。for 以降が study を修飾する前置詞句になっている。

< I > **bought** a textbook ［to study （for the entrance examination）］.
　　　　　　　　　　　　　不定詞　　　　　　前置詞句

🈶 私は入学試験用の勉強をするためにテキストを1冊買った。

 ●分詞で区切る

　分詞は，単独あるいは分詞句として，名詞を修飾する役割をもつ。単独の場合は邪魔にならないが，長い分詞句として出てきたら必ず[　]などでくくるようにしよう。次の文では，分詞句が cat を，2つの前置詞句が kept を修飾している。

> < **The cat** [kept by her (in her house) (with much care)] > is **pretty**.
> 　　　　　　　分詞　　　　　前置詞句1　　　　前置詞句2

　彼女の家で大切に飼われている猫はかわいい。

また分詞は，分詞構文の形で主節全体を修飾することもある。分詞構文とは「接続詞と主語を省略して分詞で表したもの」で，大きく分けて5つの意味をもつ。訳すときには元々あったと考えられる接続詞を補って訳そう。

理由	条件	時間	同時	譲歩
since because	if after	when	while	though

> [Having a bad cold,] < I > **saw** a doctor this morning.
> 　分詞構文

　ひどい風邪を引いたので，今朝医者に行った。

この文は元々「Because I had a bad cold, I saw a doctor this morning.」であったと考えられ，「〜なので」という訳を補って訳している。

 ●関係詞で区切る

　関係詞は，共通した要素を手がかりに2つの節をくっつける役割をもつ。関係代名詞の which, who, that や，関係副詞の when, where, how, why などが節を作り，直前の名詞を修飾する。関係詞節の中の動詞を本動詞と見間違えないように，関係詞節を[　]でくくり，どの名詞を修飾しているか明らかにする練習をしておこう。次の文では，that からはじまる関係代名詞節が直前の firefighter を修飾している。このように関係詞などで主部が長くなった分は入試でも頻出である。修飾関係をしっかりと見抜けるようにしておきたい。

> < **The firefighter** [who saved the old lady (from the burning
> 　　　　　　　　　　　関係代名詞節　　　　　　　　前置詞句
>
> building)] > **is** his father.

　燃えさかる火の中から年老いた女性を救った消防士は彼の父親だ。

鉄則⑥ 並列関係を把握する

演習▶第2部 5 ・ 26 ・ 42 ・ 49 ・ 60

　長くて読みにくい文の構造を分析してみると，鉄則5で扱った修飾語（句・節）が多く含まれている。しかもそれらの修飾語（句・節）や，文の要素（SVOC）が並置されることによってさらに複雑さは増していく。文の意味を正確に理解するために，この並列の関係も正しくとらえることができるようになろう。

Point ● and / or は同形同類を結ぶ

＜見極めの手順＞
① and / or を見つけたら印をつける（「二重丸で囲む」など）
②直後にある単語の品詞と形を確認する（例：動詞の過去形）
③そこからさかのぼって同形同類の単語を探す
④並列されているものに番号をふる

＜並列のパターン＞
（1）語と語を結ぶ

　　I study ①English, ②math, **and** ③music.

　　訳　英語，数学，音楽を勉強する。

　※3つ以上のものを並べるとき，基本的に最後のものの前に and をおく。

（2）句と句を結ぶ

　　He told me ①where to meet **and** ②what to do.

　　訳　彼は私に，どこで会って何をすべきか言った。

（3）節と節を結ぶ

　　I know ①that your mother was a teacher **and** (②that) your father was a doctor.

　　訳　あなたのお母さんが先生でお父さんが医師だったことを，私は知っています。

（4）文と文を結ぶ

　　①She found a wallet, **and** ②she reported it to the police.

　　訳　彼女は財布を見つけ，それを警察に届けた。

34

練習問題

並列関係に注意して訳してみよう。

> Environmental variables range from poor home facilities for learning speech **and** reading skills, low quality **and** quantity of food, shortage of sleep **and** adverse parental attitudes towards education, to poor **or** inappropriate opportunities at school, such as large classes, poor teaching of basic skills, incompatibility between home **and** school, repeated changes of school **and** consequent changes in teaching styles **and** content.

解説

< Environmental variables > **range**

from ① poor home facilities (for learning [(1)]speech **and** [(2)]reading skills),

② low [(1)]quality **and** [(2)]quantity (of food),

③ shortage (of sleep) **and**

④ adverse parental attitudes (towards education),

to ⑤ [(1)]poor **or** [(2)]inappropriate opportunities (at school),

such as ❶ large classes,

❷ poor teaching (of basic skills),

❸ incompatibility between home **and** school,

❹ repeated changes (of school) **and**

❺ consequent changes (in teaching [(1)]styles **and** [(2)]content).

訳 　環境的な変数は，発語や読解スキルを学ぶための家庭の設備の不足，不十分な食事の質と量，睡眠不足，教育に対する両親の消極的な反対的態度から，規模が大きな学級，基本的スキルの指導不足，家庭と学校の対立，度重なる転校やそれに伴う指導スタイルや指導内容の変化といった，学校における不十分あるいは不適切な機会までさまざまなものにわたる。

鉄則⑦ 対比関係を把握する

演習▶第2部 17・28・41

「彼は有能だ」というより，「彼は彼女に比べてより有能だ」というほうが，彼の有能さに対する**イメージをより豊かに思い描ける**。また，単に「私は賛成した」というより，「皆が反対する一方で私は賛成した」というほうが，「私」の賛意の**程度をより強く感じることができる**。このように，文章中で対比関係が利用されることは多い。さらにこの対比構造を見抜くと，**対比されている内容の一方がわかるだけで，もう一方の内容を推測できる**こともある。ここでは，そのような対比関係を作り出す表現について例文とともにまとめていく。これらの表現を目印に，対比の構造に着目する習慣をつけてほしい。

> **Point** ●対比されるものは同形反復されることが多い

＜把握の手順＞
①対比の表現を見つける
②何と何が対比の関係にあるか確認する（同形反復をヒントに）

＜対比のパターン＞
（1）語句レベル

①Listening to what the client says is **more** important **than** ②telling him what to do.

 クライエントの話を聞くことは，何をすべきか伝えることより大事だ。
※その他比較の表現も対照関係を表すものが多い。

①My skills as a therapist, as **compared with** ②his, are nothing.

 彼のと比べると，私のセラピストとしての技能は取るに足らない。
（his の後に skills as a therapist が省略されている）

Unlike ①psychoanalysts, ②behaviorists focus on observable behaviors.

 精神分析者と違い，行動主義者は観察可能な行動に焦点を当てる。
※その他：**as opposed to** 〜　「〜と違って」
　　　　　in comparison with 〜　「〜と比較すると」
　　　　　in contrast to 〜　「〜とは対照的に」

①His story **was** quite **different from** ②what had actually happened.

🈞 彼の話は実際に起きたこととかけ離れていた。

※ 〜 **differs from** … 「〜は…とは異なる」も同様。

（2）文レベル

①Their looks are similar. **On the other hand**, ②their characters are quite different.

🈞 彼らの見た目は似ている。一方，性格はまったく異なる。

※**meanwhile** 「一方」も同様。

On leaving college ①all my friends got a job. **In contrast**, ②I went to graduate school.

🈞 大学を出てすぐ友達は皆就職した。対照的に，私は大学院に進学した。

※**by comparison, in comparison with that** 〜 「対照的に」も同様。

While ①short term memory can store only about 5 to 9 items, ②long term memory can store them almost infinitely.

🈞 短期記憶はたったの5から9つの情報しか留めておけない一方で，長期記憶はほぼ無限に留めておける。

※**whereas** 「その一方」も同様。

（3）その他の対比表現

①**Some** psychologists believe that the cause of mental illnesses stems from unconsciousness, ②**others** don 't.

🈞 精神病が無意識に由来すると考える心理学者もいれば，そうでない心理学者もいる（don 't の後に believe 〜 unconsciousness が省略されている）。

※**one 〜 , the other (another)**… 「一方は〜，他方は（もう一方は）…」

the former 〜 , the latter… 「前者は〜，後者は…」なども同様。

鉄則⑧ 助動詞を訳し慣れる

演習▶第2部⑩・㉗

　助動詞は，動詞に意味を加える役割をもつ。動詞では表せないニュアンスを足すためのものであり，書き手の意図が正しく反映された訳出をしたいところだ。しかし，can は「できる」，must は「しなくてはならない」など，一辺倒の訳で押しきる受験生は少なくない。それぞれの助動詞のイメージをおさえ，訳のバリエーションを増やすことで文脈に沿った柔軟な訳を作れるようになろう。

Point ●基本的な意味をおさえる

can	可能 可能性 許可	～できる，～が可能だ ～もあり得る，～する可能性がある ～してもよい
must	義務・必要 強い推定	～しなければならない ～にちがいない
will	未来 主語の意志	～になる ～するつもりだ
may	推量 許可	～かもしれない ～してもよい
shall	相手の意志（疑問文） 話者の意志	～しましょうか？　～しますか？ ～させよう
could	可能 可能性	～できるだろう ～もあり得るだろう
would	過去の習慣 現在の推量	よく～したものだった ～であろう
might	可能性	～もあり得るだろう
should	義務 当然	～すべきだ ～するはずだ

could, would, might がそれぞれ can, will, may の「過去形」だからといって，過去の表現を作ろうとしないこと。これらは現在形による印象の強さを和らげるために使われるものであり，むしろ現在のことについて表す場合がほとんどである。

38

> **Point** ●イメージで理解する

一つ一つの助動詞の訳をおさえておくことも大切だが，似たような意味をもつ助動詞が多いために訳し分けるのは困難かもしれない。そこで，とくに頻出である可能性を表す助動詞と，義務を表す助動詞について，強さの観点から並べて比較してみよう。訳をそのまま覚えるだけでなく，このように一歩抽象的なレベルで語のイメージをとらえておくと，臨機応変に文脈に即した訳を作ることができるようになるだろう。

＜確信・確実性の度合い＞

高 ↑　（She **is** sick.）
　　　She **must** be sick.
　　　She **will** be sick.
　　　She **would** be sick.
　　　She **should** be sick.
　　　She **can** be sick.
　　　She **may** be sick.
　　　She **might** be sick.
低 ↓　She **could** be sick.

＜強制の度合い＞

強 ↑　（Study English.）
　　　He **will** study English.
　　　He **must** study English.
　　　He **has to** study English.
　　　He **need to** study English.
　　　He **had better** study English.
　　　He **ought to** study English.
弱 ↓　He **should** study English.

> **Point** ●１つの訳し方に固執しない

① **can**

英語の文章で，canは「できる（可能）」という用法より「〜しうる，〜もありうる」という可能性を表す用法の方が多く用いられるので注意したい。

② **will**

「will ＝未来」とばかり思い込んでいると適切に訳せないことが多い。willは現在の推量を表したり，「〜するものとする」という強制可能な義務を表したりすることもある。

③ **should**

shouldは「〜すべきだ」「〜するはずだ」と訳してほぼ間違いないが，訳さなくてよいこともある（例：It is surprising that she should speak ill of me.「彼女が私の悪口を言うなんて驚きだ」）。

鉄則⑨ 特殊表現をおさえる

演習▶第2部 31・35・43・48

英語には，意味，用法を知らなければ正しく訳せない構文がある。こうした特殊な形の構文については，例文とともに理解しておくとよい。また，読解時にこれらの形を見つけたら，四角で囲むなど，視覚化しておくことを習慣づけてほしい。

Point ●強調構文をおさえる

形：It is 〜 that ….　➡　〜の部分を強調

例：**It was** in this school **that** he studied English when he was young.

訳：彼が幼いころ英語を勉強したのは，この学校だった。

元の文は「he studied English in this school」である。ただ，英語を学んだのがまさにこの学校であるということを強調するために，「in this school」の部分が前に出てきた形だ。大切なのは，**「〜」に当たる部分を必ず最後に訳して強調すること**である。また，**次の形式主語構文と識別できるようにしておくこと**も重要だ。

[見分け方]
「〜」と「…」をつなげて文になるときは強調構文，ならないときは形式主語構文である。

Point ●形式主語構文をおさえる

形：It V 〜 that …. / It V 〜 to ….

例：**It** is a pity **that** she couldn't join our party.

訳：彼女がパーティーに参加できなかったのは残念だ。

主語が長い文になるのを避けるため，後続の不定詞や that 節などを代表して it が文の形式上の主語になっている。つまり訳すときには，that 節の内容を真の主語として訳せばよい。

Point ●倒置構文をおさえる

主語が長すぎたり，強調したい語句があるときには倒置が起こる。

＜ Some of the most beautiful sights in Japan ＞　**are**　（on Kyoto）.
　　　　　長すぎる主語　　　　　　　　　　　　　　　　　　　強調したい句

（On Kyoto）　**are**　＜ some of the most beautiful sights in Japan ＞．

訳 京都には，日本の最も素晴らしい光景のいくつかがある。

また，**否定語を強調するために文頭に出すと，残りの部分が疑問文の語順になる。**

＜I＞ never **dreamed** [that he became a popular actor].
　　強調したい否定語

Never **did I dream** [that he became a popular actor].
　　疑問文の語順になる

訳 彼が人気俳優になるなんて夢にも思わなかった。

Point ●その他のおさえておきたい表現

ask ~ to …	~に…することを求める
tell ~ to …	~に…するように言う
help ~ to …	~が…するのを手伝う
want ~ to …	~に…してほしい
not A but B	AではなくてB
so ~ that …	とても~なので…
too ~ to …	~すぎて…できない
make A B	AをBにする
so that ~	~するために（目的）
, so that ~	それで，その結果（結果）
with + 名詞	（副詞になる）　with ease → easily
of + 名詞	（形容詞になる）　of importance → important
in ~ ing	~するとき
between A and B	AとBの間に
both A and B	AもBも
either A or B	AかBのどちらか一方
neither A nor B	AもBもどちらもない
whether A or B	AであろうとBであろうと
given ~	~を考慮すると
as if ~	まるで~のように
be to ~	予定（~することになっている），運命（~する運命である），義務（~しなければならない），可能（~できる），意志（~するつもりだ）

第3章　英文読解　10の鉄則

鉄則⑩ 記号の意味をおさえる

演習▶第2部③・⑬

　英語にも日本語の句読点と同じように，文と文，語と語を区切るための記号がいくつもあり，それらを強さの順に並べると以下のようになる。ここではそれぞれの役割を確認しておくことにしよう。

> ピリオド [.] ＞ コロン [:] ＞ セミコロン [;] ＞ カンマ [,]

◆ピリオド

　ピリオドは日本語の「。」に相当するものであり，文の終了を意味する。つまりAとBはまったくの独立であり，関係性はなくともよい。電車に例えるならば，見た目の異なる2台別々の電車ということになる。

◆コロン

　コロンは独立節のAと，それを支えるBをつなぐ記号である。電車でいえば，大きな車両が小さな車両と連結しているイメージだ。用法は以下の3つ。

①**詳述**　前述の内容を詳しく説明したり，言い換えたりする。コロンを「すなわち，つまり」などと訳すと自然な訳になる。

This is the way of printing on both sides of a sheet of paper: connect your computer to the printer and press Enter key.

　訳　これが両面印刷の方法です。（すなわち）コンピューターをパソコンにつなぎ，エンターキーを押してください。

②**例示**　前述の内容の例を挙げる。

Our class had students from various countries: Germany, China, France, Canada, and Mexico.

　訳　私たちのクラスには，ドイツ，中国，フランス，カナダ，そしてメキシコといったさまざまな国からきた生徒がいた。

③**引用文**　コロンの後に引用文が続く。

The queen said to the king: " Could you pour me some more tea. "

　訳　女王様は王様に「お茶を注いでいただけますか」と言った。

◆セミコロン

　ともに独立節のＡとＢが同等に重要で，両者に関連性があるときに使用する。電車に例えると，同じ大きさの似た車両が２台つながれているイメージである。訳すときには文脈から適切な接続語を補うようにしよう。よく見られる用法は以下の２つ。

　　　　　　　　　　　　　　　　　　　　　　　　　　　　Ａ ー Ｂ

①**原因・結果**　ＢがＡの原因や結果を表す。

I have a bad foot; I can 't run today.

　訳　足を怪我しているんだ。だから今日は走れないよ。

②**追加コメント**

I 'm going to the office; I will be there for a long time.

　訳　会社にいくところだ。そしてしばらくそこにいるつもりだ。

◆カンマ

　接続詞を伴って文と文をつないだり，１つの文の中で内容を整理したりするために使われる。心理系英文では，難解な用語の説明のために同格のカンマが頻繁に使用されるため注意が必要である。

＜その他の記号と略語＞

◆ダッシュ［ -- ］

　ふと思いついたことを述べたり，単語の意味を説明，補足したりする。訳す際には「つまり」などと補うか，（　）に入れてしまってもよい。

◆コーテーションマーク［ " " ］［ ' ' ］

　引用文を示したり，単語に特別な意味が付されていることを示したりする。訳の中では「　」をつけよう。

◆略語

app	付録	etc.	など
cf	比較，参照せよ	ex.	用例
ed.	編集，版	fig.	図
e.g.	例	i.e.	すなわち
et al.	その他	p. / pp.	ページ

第3章

英文読解

10の鉄則

43

役立つ学習ツールとは？

　くり返し述べてきたように，心理系大学院の英語入試にあたっては，心理学の内容を英語で学習することが最も効率のよい対策である。本書もそのことを意識して作られている。ここでは本書以外にさらなる演習を行う際，利用できる学習ツールについてご紹介したい。

●心理学用語辞典を利用する

　本書や，姉妹書の「心理学編」では，厳選100語とその関連用語として，かなりの数の心理学専門用語を扱っている。ここで挙げられた用語を中心に，より広く周辺知識を得たいときには，心理学用語辞典が役に立つ。さまざまな種類があるが，自分にとって読みやすいものを選べばよいだろう。1冊手元に置いておくことで，学習の幅が広がり，効率も上がるだろう。

●『Atkinson & Hilgard's Introduction to Psychology』を利用する

　本書第2部の演習編では50の長文問題を掲載している。それらの多くがこの通称「ヒルガード」とよばれる書籍からの抜粋になっている。本のタイトル通り，英語で書かれた心理学の入門書であるから，専門科目と英語の学習を同時に行うことができる便利な教材だ。さらにこの書籍には翻訳されたものがあるため，自分で作成した訳が正しいか確認をすることも可能である。志望校でよく出題される領域をチェックし，「ヒルガード」内の該当箇所を訳してみるとよいだろう。

●英語論文を利用する

　英語入試では，論文の抜粋が長文として出題されることも多い。論文には決まった書き方があるため，専用の対策を行って読み方に習熟しておきたいところだ。そこで訳に立つのは，もちろん論文を読むことである。海外の文献を入手し，要約する練習をしてみよう。ここでのポイントは，自分が研究しようと思っているテーマに沿った論文を選ぶことである。入試にあたってテスト成績と同等に重要なのが「研究計画書」だが，これを書く際には相当数の先行研究に目を通さねばならない。それならば，英語の試験対策と兼ねて読んでしまえばよいということだ。早速インターネット検索や図書館を利用して論文探しをしてみよう。

第4章 重要表現集

本章では，心理系英文を読むときに役立つ用語訳，表現をまとめていく。正確かつスピーディーに読解を進めるために，活用してほしい。

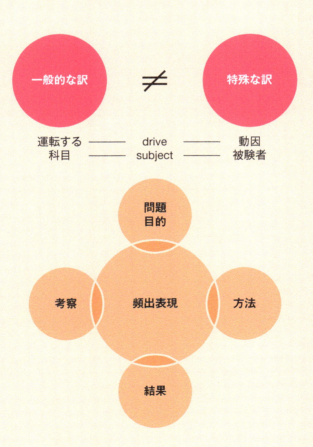

特殊な用語訳

見慣れた単語でも，心理系英文の中では特殊な訳し方をするものがある。そうした単語が正確に訳せているかどうかによって，答案の印象は大きく異なるため，ここで領域ごとに確認しておこう。

＜研究法＞

単語	一般的な訳	特殊な訳
condition	状態	条件
control	操る	統制，統制する
design	デザイン	計画
instruction	指導，命令	教示
level	レベル	水準
performance	演技，パフォーマンス	成績
pilot	パイロット	予備
randomize	ランダム化	無作為化する
study	勉強する	研究，検討する
subject	教科，主題	被験者

＜生理・知覚心理学＞

単語	一般的な訳	特殊な訳
convergence	収束	輻輳
difference（threshold）	違い，差	弁別（閾）
disparity	不一致，不釣り合い	両眼視差
orientation	方向	定位
potential	可能性，潜在的な	電位

＜学習心理学＞

単語	一般的な訳	特殊な訳
conditioning	調整	条件づけ
discrimination	区別，差別	弁別
drive	運転する	動因
incentive	刺激，動機	誘因
response	応答	反応
transfer	移す，動かす	転移する

＜認知心理学＞

単語	一般的な訳	特殊な訳
elaboration	綿密さ	精緻化
memorization	記憶	記銘
processing	加工	処理
remembrance	覚えていること	想起
thinking / thought	考えること	思考
working	働いている	作業，作動

＜発達・教育心理学＞

単語	一般的な訳	特殊な訳
attachment	取りつけ	愛着
naive（theory）	単純な	素朴（理論）
nature	自然	特性，性質
operation	運転，手術	操作
strategy	計画，戦略	方略

＜統計＞

単語	一般的な訳	特殊な訳
accept	受け入れる	採択する
function	機能	関数
distribution	分配	分布
error	誤り	誤差
factor	要因	因子
frequency	頻繁，頻度	度数
interaction	交流	交互作用
mean	意味	平均値
mode	形態	最頻値
reject	拒絶する	棄却する
scale	規模	尺度
significant	重要な	有意な
test	試験，検査	検定

＜精神医学・心理療法＞

単語	一般的な訳	特殊な訳
avoidance	避けること	回避
fixation	定着，固定	固着
intake	取り入れ口	受理面接（インテーク）
mechanism	しくみ，機械	機制
refer	言及する	リファーする（委託する）
representation	表現，描写	表象
treatment	扱い	治療

頻出表現

　ここでは，一般的な科学論文の流れに沿って，頻出表現をまとめていく。これらをキーワードに流れを予測しながら読むことができるようにしよう。

＜統計＞

■順序を示す表現

first, second, third … last	第1の，第2の，第3の … 最後の
opening, middle, closing	はじまりの，中間の，終わりの
early, latter	はじめの，後半の
beginning, ending	はじめの，終わりの

（例）In the first section of this paper, ～　「本研究の第1節では，～」

■論文や研究を表す語

paper, article	論文	study	研究
research	研究，調査	literature	文献
review	レビュー	work	研究

＜問題＞

■定義を述べる表現

define A as B	A を B と定義する
use A to refer to B	B を表すために A を用いる
By A, 主語 mean B	A は B を意味する
A represent (stand for) B	A は B を表す

（例）We define happiness as follows:　「幸福を以下のように定義する」.

■先行研究・関連する研究を表す語

prior study	previous study	recent study
other study	early study	current study

■未検討課題を示す表現

It is unclear (It isn 't clear) that ～	～については不明確だ
It remains unclear that ～	～については不明確なままだ
Little is known about ～	～についてはほとんどわかっていない
The question of ～ is still open	～についての疑問は残されている
No speculation has taken place ～	～についての検討はなされていない

＜目的＞

■問題・仮説に関する表現

problem	問題	issue	問題（点）
question	問題，疑問	hypothesis	仮説
predict	予測する	assume	仮定する
investigate the possibility		可能性を検討する	

（例）We conducted an experiment to test the hypothesis.
　　　「この仮説を検証するために実験を行った」

■目的を示す語・表現

examine	検討する	focus on	着目する
analyze	分析する	demonstrate	論証する
argue	論じる	illustrate	例証する
describe	描き出す	explore	探索する
query	調べる	set out	言及する
investigate	調査する	formulate	定式化する
explain	説明する	prove	証明する
discuss	論じる	solve	解決する
develop	発展させる	consider	考える
address (answer, raise) the question		問題を扱う（答える，提起する）	
suggest an explanation for ～		～への説明を示す	
The purpose (goal) of this study is ～		本研究の目的は～である。	

（例）This study examined the effect of watching violence on TV.
「本研究では，テレビで暴力を見ることの影響を検討した」

＜方法＞

■参加者・デザインに関する語

participant	参加者	respondent	回答者
subject	被験者	male / female	男性／女性
race	人種	age	年齢
independent variable	独立変数	dependent variable	従属変数
paradigm	パラダイム	condition	条件

■手続き（教示・測定）に関する語・表現

pilot study	予備調査	conduct	実施する
recruit	集める	randomly assign to ～	～に無作為配置する
instruct	教示する	informed consent	インフォームドコンセント
measure	測度	scale	尺度
item	項目	～ point scales	～件法
score	得点	fill out	埋める
rate	評定する	debriefing	デブリーフィング

（例）Participants were randomly assigned to either A or B condition.
「参加者はA条件，B条件に無作為配置された」

＜結果＞

■データの除外と解釈上の注意に関する表現

be excluded	除外される	be removed	取り除かれる
Note that ～		～については注意（留意）しよう	
pay attention to ～		～に注意する	

（例）Data from one native English speaker were excluded.
「一人の英語母語話者のデータが除外された」

■分析結果に関する表現（相関分析・分散分析・重回帰分析）

A is (significantly) correlated with B		AはBと（有意な）相関がある	
Analysis of Variance		分散分析（ANOVA）	
main effect	主効果	interaction	交互作用
conduct	実施する	predict	予測する
regression line		回帰直線	

（例）The analysis revealed a significant interaction.
「分析により，有意な交互作用が見出された」

■図表に関する語・表現

table	表	figure	図
depict	表す	illustrate	示す
show	表す	display	示す

（例）Figure 1 shows the mean ratings of ～　「図1は～の平均得点を表すものである」

＜考察＞

■研究により示された内容を導く表現

suggest	示唆する	imply	示唆する
propose	提案する	offer	提案する
show	示す	demonstrate	論証する
find	見出す	conclude	結論づける

（例）It was suggested that ～ 　「～が示唆された」

■因果を表す表現

A cause B	AがBの原因になる
A result in B	AはBを引き起こす
B is due to A	BはAによるものである
A leads to B	AはBをもたらす
Because of A, ～	Aのために～，Aのせいで～，Aが理由で～

（例）Injuries of the frontal lobe often result in disinhibition.
　　「前頭葉の損傷はしばしば脱抑制を引き起こす」

■仮説の検証と解釈に関する表現

adopt (support, confirm) hypotheses	仮説を採用（支持，確証）する		
in line with hypotheses	仮説と一致して		
interpret as ～	～と解釈する	explain	説明する
take as evidence	証拠とみなす	provide evidence	根拠を提供する

（例）The results were in line with our hypotheses.
　　「結果は仮説と一致するものであった」

■明らか，妥当であることを表す表現

clear	明らかな	obvious	明らかな
evident	明らかな	apparent	明白な
certain	確かな	reasonable	妥当な，正当な
appropriate	ふさわしい，適切な	proper	適切な

（例）It seems reasonable to suppose that ～
　　「～と考えることは妥当であると思われる」

■研究の限界と展望に関する語

limitation	限界	additional research	さらなる研究
further study	さらなる研究	follow- up study	追跡研究
replication	追試	alternative account	別の説明

（例）Further studies are needed. 　「さらなる研究が必要である」

第2部

合格のためにおさえたい
厳選 100 語

　心理系大学院入試の多くは，専門科目と英語の試験からなる。しかも，英語の試験で出題される内容は心理学に関するものがほとんどである。したがって，心理学を英語で学習していくことが，最も効率のよい一石二鳥の学習といえるだろう。

　そこで第2部では，専門科目の試験で多く出題される 100 の心理学用語を扱い，英語の試験に合格するための演習を行っていく。この「厳選100語」については，姉妹書である「心理学編」と完全に対応しており，そちらで丁寧な解説がなされている。心理学的な背景知識に自信がない場合，先に「心理学編」を読んで理解を深めてから本書第2部にチャレンジすると良い。

　さらに第2部は，第1部3章で挙げた「鉄則10」についても実践を通して学習できる形式になっている。次ページの「第2部の使い方」をよく読み，第1部1章で挙げた3つの「求められる力」を身につけることを目標に取り組んでほしい。

第2部の使い方

❶ 長文の難易度（★★★＞★☆☆）。英語力に自信がない場合，★☆☆の用語から演習してみよう。

❷ 問題を解くときに，とくに意識してほしい鉄則。解きはじめる前にもう一度，第1部の鉄則を確認しておこう。

❸ □＝用語学習におけるポイント。■＝長文読解におけるポイント。

❹ 問題文。過去問及びヒルガードからの抜粋。専門用語は太字になっているため，復習するときに意味の確認をすること。

❺ 用語問題対策用の1問1答。訳し，用語が答えられるようにすること。

❻ 解説。鉄則に対応して書かれているため，わからなくなったら第1部3章に戻って確認しよう。

❼ 関連用語。☆の用語は重要であるとともに，姉妹書「心理学編」で内容が紹介されている。まずはこれから優先的に理解しよう。

52

第1章

Principle, Research method

原理・研究法

•••••▶ **傾向と対策**

　心理学史に関する英文の出題は少なくない。心理学の歴史について，各理論的立場による主張をおさえるだけでなく，互いの関係性も把握し，**全体的な流れを学習しておきたい**。心理学史が出題されない大学院を受験する場合も，精神障害，心理療法など応用的な領域を学習する際の基盤的知識となるため，**キーワードと主要人物については英語でしっかりとおさえておこう**。

　研究法については，それ自体が長文として出題されることはあまりない。しかし，研究に関する論文の抜粋など，**研究法の知識がなければ理解が困難な英文の出題は多い**。そのため，関連用語を中心とした丁寧な学習が必要となる。しかもこの分野の**英単語に関しては，聞きなれない専門的なものが多い**ため，用語学習にある程度の時間を割くことを覚悟して取り組もう。

NO	出題頻度	用語	
01	C	精神物理学	psychophysics
02	B	要素主義	elementalism
03	A	行動主義	behaviorism
04	A	ゲシュタルト心理学	gestalt psychology
05	A	精神分析学	psychoanalysis
06	C	母集団と標本	population, sample
07	B	実験群と統制群	experimental / control group
08	C	縦断研究と横断研究	longitudinal / cross sectional study
09	C	信頼性	reliability
10	B	妥当性	validity

出題頻度は，長文問題としての出題のされやすさ（A＞B＞C）を表します。

1 原理・研究法

01 精神物理学

psychophysics

学習のポイント
- [ ] 長文問題としてはほとんど出題されない
- [ ] 心理学史，知覚に関する英文の中で英単語の知識が必要となる
- [ ] 用語説明問題にも対応できるようにしておこう

■ The scientific study of the relation between physical stimulus and sensory response.
物理的な刺激と感覚的な反応の関係についての科学的研究　　【精神物理学】

■ The minimal difference that a person can detect between two similar stimuli.
2つの類似した刺激間で，人が検知できる最小の差異　　【　弁別閾　】

関連用語をおさえよう

まずは☆の単語を優先的に理解しよう。

☆	フェヒナー	Fechner, G. T.
☆	ウェーバー	Weber, E. H.
☆	スティーブンス	Stevens, S. S.
☆	弁別閾	difference threshold
	丁度可知差異	just noticeable difference
	刺激閾	stimulus threshold
	刺激頂	terminal stimulus
☆	ウェーバーの法則	Weber's law
☆	フェヒナーの法則	Fechner's law
☆	スティーブンスの法則	Stevens' law
☆	マグニチュード推定法	method of magnitude estimation
	絶対閾	absolute threshold
	主観的等価点	point of subjective equality

The minimum magnitude of a stimulus that can be reliably discriminated from no stimulus at all.

54

02 要素主義

1 原理・研究法

elementalism

学習のポイント
- □ 「心理学の父」ヴントは心理学史関連の英文で常連
- □ 細かい内容は日本語で押さえておけば十分だが，用語知識は重要

■ An intellectual interest in conceptualizing complex phenomenon based on their constituent parts.
複雑な現象を，それらを構成する部分的要素に基づいて概念化しようとする考え方　【　要素主義　】

■ Examination of one's own conscious thoughts and feelings.
自分自身の意識的思考と感情に関する考察　【　内観法　】

■ A school of thought that sought to identify the components of the mind.
心の要素を同定しようとした学派　【　構成主義　】

関連用語をおさえよう

まずは☆の単語を優先的に理解しよう。

☆	ヴント	Wundt, W.
☆	ティチナー	Titchener, E. B.
☆	内観法	introspection
☆	純粋感覚	pure sensation
☆	単純感情	simple feeling
☆	統覚	apperception
	ライプチヒ大学	Leipzig University
☆	構成主義	structuralism
	生理学的心理学	physiological psychology
	感情の三次元説	tridimentional theory of feeling
	創造的綜合の原理	principle of creative synthesis
	民族心理学	Folk psychology

用語 まったく刺激がない状態と区別されうる刺激の最低強度
絶対閾：absolute threshold

1 原理・研究法 ▶▶▶ 鉄則10：記号 難易度：★★☆

03 行動主義

behaviorism

学習・読解のポイント
- □ 頻出である学習心理学の基礎をなす理論として理解が不可欠
- ■ 記号部分に接続語を補い，自然な訳を目指そう

■ 下線部を訳しなさい。

　Structuralism and **functionalism** played important roles in the early development of 20th century **psychology**. (1) By 1920, however, both were being displaced by three newer schools: **behaviorism**, **Gestalt psychology**, and **psychoanalysis**. Of the three, behaviorism had the greatest influence on scientific psychology in North America. (2) Its founder, **John B. Watson**, reacted against the view that conscious experience was the province of psychology. Watson made no assertions about **consciousness** when he studied the behavior of animals and infants. He decided not only that animal psychology and child psychology could stand on their own as sciences but also that they set a pattern that adult psychology might follow.

　(3) For psychology to be a science, Watson believed, psychological data must be open to public inspection like the data of any other science. Behavior is public; consciousness is private. Science should deal only with public facts. Because **psychologists** were growing impatient with **introspection**, the new behaviorism caught on rapidly, and (4) many younger psychologists in the United States called themselves 'behaviorists'.

(*Atkinson and Hilgard's Introduction to Psychology 15th edition*, p.9)

The school of psychology that views observable and measurable behavior as the appropriate subject matter for psychology and emphasizes the key role of environment as a determinant of behavior.

解説

(1) 詳述のコロンの後に，3つの新学派の名前が並んでいる。思い切って文を分け，「それらとは」などと補って訳した方が読みやすい訳になる。

(2) ワトソンの名前がカンマで挟まれる形で挿入されている。これは同格を表すカンマであるため，直前の「創始者」とイコールであることがわかるように，「創始者であるワトソン」と訳そう。

(3) 2つの文が**セミコロン**でつながれている。ここでは，"and"の意味を補って訳すときれいな訳になる。

(4) **シングルクォテーション**は，特別な意味をもつことを表したり，目立たせたりするためのものであるから，訳にも必ず「」を残すこと。

関連用語（まずは*の単語を優先的に理解しよう）

ワトソン*	Watson, J. B.
トールマン	Tolman, E. C.
ハル	Hull, C. L.
スキナー*	Skinner, B. F.
S-R理論*	stimulus-response theory
条件づけ	conditioning
アルバート坊やの実験*	The little Albert experiment
新行動主義*	neo-behaviorism
S-O-R理論*	stimulus-organism-response theory

全訳

構成主義や機能主義は20世紀心理学の初期的発展において重要な役割を担った。(1)しかし1920年までには，両者とも以下の3つの新学派に取って代わられた。それらとは，**行動主義，ゲシュタルト心理学，そして精神分析学**である。これら3つのうち，行動主義は北アメリカの科学的心理学に多大な影響をもった。(2)その創始者である**ワトソン**は，意識的経験こそ心理学の本分であるとする見解に異論を唱えた。ワトソンは，動物や乳児の行動について研究を行う際，**意識**について一切の主張を行わなかった。彼は動物心理学や児童心理学が科学として独り立ちできるだけでなく，成人の心理学が手本としうる様式を確立すると確信した。

(3)ワトソンは，心理学が科学となるために，心理学的データが他の科学的データと同様に外から観察可能なものでなくてはならないと考えた。行動は公的なものであり，意識は私的なものである。科学は公的なもののみ扱うべきである。**心理学者たちが内観法**に対してしびれを切らしていたこともあり，この新しい行動主義はただちに人気を博し，(4)アメリカの多くの若い心理学者が自分自身を「**行動主義者**」とよんだ。

観察や測定が可能な行動こそ心理学が対象とするのに適切なものとし，行動の決定因として環境の役割を強調する心理学派
行動主義：behaviorism

04 ゲシュタルト心理学

Gestalt psychology

学習・読解のポイント
- □ 群化に関する英文の出題歴あり
- □ ゲシュタルト心理学の考えを英語で理解できるようにしておこう
- ■ 1文1文が長いため，関係詞，分詞による修飾構造を見抜くこと

■ 下線部を訳しなさい。

(1) **Gestalt** is a German word meaning 'form' or 'configuration', which referred to the approach taken by **Max Wertheimer** and his colleagues, all of whom eventually emigrated to the United States. The Gestalt psychologists' primary interest was **perception**, and they believed that perceptual experiences depend on the patterns formed by stimuli and on the organization of experience. (2) What we actually see is related to the background against which an object appears, as well as to other aspects of the overall pattern of stimulation. The whole is different from the sum of its parts, because the whole depends on the relationships among the parts. Among the key interests of Gestalt psychologists were the perception of motion, how people judge size, and the appearance of colors under changes in illumination. These interests led them to a number of perception-centered interpretations of **learning**, **memory**, and **problem solving** that helped lay the groundwork for current research in **cognitive psychology**. (3) The Gestalt psychologists also influenced key founders of modern **social psychology** who expanded on Gestalt principles to understand interpersonal phenomena.

(*Atkinson and Hilgard's Introduction to Psychology 15th edition*, p.9-10)

The school of psychology that emphasizes that individuals perceive objects and patterns as whole units and that the perceived whole is more than the sum of its parts.

解説

(1) 分詞，関係詞だらけの一文。「meaning～,」が直前の「German word」を修飾している。「which～.」「all of whom～.」はともに関係代名詞の**非制限的用法**で，前者は文頭の「Gestalt」を，後者は直前の「Max Wertheimer and his colleague」について**補足説明**を加えているように訳したい。

(2) 文頭の **What**（＝ the thing which）**は先行詞を中に含んだ関係代名詞**で，「～すること，もの」と訳す。また，「against～appears」までが直前の「the background」を修飾している。あとは「A as well as B：Bだけでなく A も」を中心に訳せばよい。ここで

関連用語 (まずは*の単語を優先的に理解しよう)

ウェルトハイマー*	Wertheimer, M.
ケーラー	Kohler, W.
レヴィン	Lewin, K.
仮現運動*	apparent movement
β運動	β movement
群化*	grouping
プレグナンツの法則*	Pregnanz principle
誘導運動	induced movement
自動運動	autokinetic movement

は，「to the background～」と「to other aspects～」がそれぞれ A，B にあたる。

(3)「who～」がその前の「key founders of modern social psychology」を修飾する関係代名詞節。

全訳

(1) **ゲシュタルト**は，「形態」や「形式」を意味するドイツ語で，のちにアメリカに移住した**ウェルトハイマー**や彼の同僚らによってとられたアプローチをさす。ゲシュタルト心理学者たちの主要な関心は**知覚**であり，彼らは，知覚的な経験というものは，刺激によって形作られたパターンと，経験の組織化によると考えた。(2) 私たちが実際に見るものは，刺激の全体的パターンにおける各側面だけでなく，その対象の背景にも関連する。全体とは，部分同士の関係のあり方によるため，その部分の単なる合計とは異なるものである。ゲシュタルト心理学者の主要な関心としては，動きの知覚，大きさの判断，そして照明が変化する中での色の見え方があった。これらの関心により，彼らは**学習や記憶，問題解決**について，現在の**認知心理学**的研究の基礎を敷くことを可能にする数々の知覚中心的な解釈を行った。(3) ゲシュタルト心理学者は，ゲシュタルトの原理を対人現象の理解に展開した現代の**社会心理学**の主要な創始者たちにも影響を与えた。

人は対象やパターンを全体的な単位として知覚し，その知覚された全体は部分の合計以上の意味をもつと強調する心理学の学派
ゲシュタルト心理学：gestalt psychology

05 精神分析学

1 原理・研究法 ▶ ▶ ▶ 鉄則6：並列　難易度：★★☆

psychoanalysis

学習・読解のポイント
- ☐ 重要語句多数。長文での出題も多いため，しっかりと対策を
- ■ 並列の構造をつかんだ上で訳していこう

■ 下線部を訳しなさい。

(1) The basic assumption of the **psychoanalytic perspective** is that behavior stems from **unconscious** process, meaning beliefs, fears, and desires that a person is unaware of but that nonetheless influence behavior. **Freud** believed that many of the **impulses** that are forbidden or punished by parents and society during childhood are derived from innate **instincts**. Because each of us is born with these impulses, they exert a pervasive influence that must be dealt with in some manner. Forbidding them merely forces them out of **awareness** into the unconscious. They do not disappear, however. (2) They may manifest themselves as emotional problems and symptoms of mental illness or as socially approved behavior such as artistic and literary activity.

(3) Freud believed that we are driven by the same basic instincts as animals (primarily **sex** and **aggression**) and that we are continually struggling against a society that stresses the control of these impulses.

(*Atkinson and Hilgard's Introduction to Psychology 15th edition*, p.14-15)

A theory of human development that holds that irrational, unconscious drives and motives, many of which originate in childhood, underlie human behavior.

解説

(1)「meaning～」はもともと「and it means」だったと考えられる**分詞構文**で，前文の内容を補う副詞句として働く。その中で，「beliefs」，「fears」，「desires」が**並列**となっている。このように「**A, B, and C（AやB，そしてC）**」の形で名詞が並べられることは非常に多いため，すぐに構造を見抜けるようにしておきたい。

(2) まず**大きな並列構造をとらえよう**。ここでは，orで結ばれた「as emotional ～」と「as socially…」が並列関係にあり，「～として，あるいは…として」という形で訳していく。さらに前者の中に，and で結ばれた「emotional problems」と「symptoms of mental illness」という並列関係があることにも注意したい。

関連用語 (まずは*の単語を優先的に理解しよう)

フロイト*	Freud, S.
無意識*	unconscious
心的外傷*	trauma
抑圧*	suppression
自由連想法*	free association
リビドー*	libido
夢分析*	dream analysis

(3) ここではフロイトが考えていた内容を記す that 節が2つ並んでいる。2つの that 節中の SV も同じであるため，「that we are ～ and that we are …」を「我々が～で，また…であること」とすると自然な訳になる。

全訳

(1) **精神分析**の基本的な仮定は，行動が**無意識**の過程に起因するというものである。無意識の過程とは，人が意識していないにも関わらず行動に影響を及ぼす信念，恐れ，そして願望を意味する。**フロイト**は子どものときに親，あるいは社会によって禁じられたり罰せられたりした**衝動**の多くが，生まれもった**本能**に由来すると考えていた。我々はみなこれらの衝動をもって生まれるため，それらはある種の方法で対処しなければならないような広範な影響を及ぼすのである。そうした衝動を禁じることは，単にそれらを無理やり**意識**から追い出し，無意識に追いやることにつながる。しかしながらそれらは無くなるわけではない。(2) それらは，情緒的問題や精神病の症状として，あるいは芸術的，文学的活動といった社会的に認められる行動として現れるかもしれない。

(3) フロイトは，我々が動物と同じ基本的な本能（主に**性的，攻撃的本能**）によって動かされていて，これらの衝動の抑制を強いる社会に対して絶えず苦しんでいると考えていた。

用語 A 子ども時代に起源をもつ，不合理で無意識的な動因や動機が人の行動の基礎になると考える，人間の発達に関する理論
精神分析学：psychoanalytic theory

1 原理・研究法

 母集団と標本

population / sample

学習のポイント
- □ 英語の研究論文を理解する前提となる知識
- □ 重要単語は必ず英語で書けるようにしておこう

■ The entire group that is of interest to researchers and to which they wish to generalize their findings; the group from which a sample is selected.
研究者が関心をもち，研究結果を一般化したいと考えている対象全体のことで，そこから標本が抽出されるグループ　　　　　　　　　　【　母集団　】

■ A portion of any population that is selected for study and from which generalizations are made about the larger population.
研究のために母集団から選ばれ，そこからより大きな母集団に対して一般化がなされる，母集団の一部　　　　　　　　　　　　【　標　本　】

■ A set of methods used to make a generalization, estimate or prediction based on sample data.
標本データに基づいて一般化，推定，予測を行うための一連の方法
【推測統計法】

関連用語をおさえよう

まずは☆の単語を優先的に理解しよう。

☆	推測統計法	inferential statistics
☆	記述統計法	descriptive statistics
☆	無作為抽出	random sampling
☆	統計的仮説検定	statistical test
☆	標本の大きさ	sample size
	標準誤差	standard error

 In an experiment, any factor or condition that the researcher manipulates in order to determine its effect on another condition or behavior known as the dependent variable.

1 原理・研究法

07 実験群と統制群

experimental / control group

学習のポイント
- [ ] あらゆる種類の試験問題に出てくる可能性がある重要語句が満載
- [ ] 研究論文を読めるようになるためにも必須の知識となる

■ In an experiment, the group of subjects given the treatment whose effect is under investigation.
実験で，効果を検証したい処遇を与えられる被験者群　　【　実験群　】

■ Those for whom the active condition of the independent variable is not administered, thus forming a baseline against which the effects of the active condition of the independent variable can be evaluated.
効果を測定したい独立変数の操作をされず，その効果を評価するためのベースラインを形成する被験者群　　【　統制群　】

関連用語をおさえよう

まずは☆の単語を優先的に理解しよう。

☆	独立変数	independent variable
☆	従属変数	dependent variable
☆	統制	control
☆	交絡	confounding
	条件	condition
	教示	instruction
	操作する	manipulate
	被験者 / 参加者	subject / participant
	試行	trial
	課題	task
	事前 / 事後テスト	pre test / post test
	実験室	laboratory
	実験者	experimenter
	実験者効果	experimenter effect
	偽薬効果	placebo effect

実験において，従属変数として知られる他の条件や行動に与える効果を測るために，調査者が操作する要因や条件
独立変数：independent variable

1 原理・研究法

08 縦断研究と横断研究
longitudinal / cross sectional study

学習のポイント
- ☐ 本ページにあげる様々な研究法について熟知しておくこと
- ☐ 研究例とともに学習すると理解，記憶ともに深くなる

■ A research method in which the same individuals are studied over a long period of time.
同一の人を対象に長期間研究する研究法 　　　　　【 縦断研究 】

■ A research method in which groups of people who differ in age but share other important characteristics are compared.
年齢は異なるが，他の重要な特徴を共有する人の群を比較する研究法
【 横断研究 】

■ A research investigating a particular group with a certain trait and observing it over a period of time.
一定の特性をもつ特別なグループを調査し，一定期間観察する研究
【 コーホート研究 】

関連用語をおさえよう
まずは☆の単語を優先的に理解しよう。

☆	コーホート研究	cohort analysis
☆	法則定立的研究	nomothetic study
☆	個性記述的研究	idiographic study
☆	実験法	experimental method
☆	質問紙法	questionnaire method
☆	観察法	observational method
☆	面接法	interview method
☆	量的研究	quantitative study
☆	質的研究	qualitative study
	被験者内計画	within-subject design
	被験者間計画	between-subject design
	調査者	investigator

A type of study in which information that is not in numerical form is gathered.

1 原理・研究法

 信頼性

reliability

学習のポイント
- □ 「rely + ability」だから「信頼できること」
- □ 信頼性の4つのチェック法について説明できるように

■ The ability of a test to yield nearly the same score when the same people are tested and then retested on the same test or alternative form of the test.
同一の人を検査後，同じテストあるいはそのテストの別形式で再度検査した際に，ほぼ同じ得点を生み出すことができるテストの力　【　信頼性　】

■ A number showing the degree to which two variables are related.
2つの変数が関連している程度を表す数字　【　相関係数　】

■ Trying to reproduce the findings of other investigators so as to increase confidence in (or refute) those findings.
他の調査者の知見をより強固なものにしたり，あるいは誤りを明らかにしたりするために再現しようと試みること　【　追　試　】

■ Repeating the measurement process on the same subjects, under conditions as similar as possible, and comparing the observations.
できるだけ似た状況で，同じ被験者に測定手順を繰り返し，結果を比較すること　【再テスト法】

関連用語をおさえよう
まずは☆の単語を優先的に理解しよう。

	クロンバック	Cronbach, L. J.
☆	再テスト法	test-retest method
☆	平行テスト法	parallel test method
☆	折半法	split-half method
☆	内的整合性	internal consistency
☆	α係数	coefficient alpha
	相関係数	correlation coefficient
	追試	replication

数字の形式ではない情報が収集される研究の形式
質的研究：qualitative study

1 原理・研究法 ▶▶▶ 鉄則8：助動詞　難易度：★★☆

10 妥当性

validity

学習・読解のポイント
- □ それぞれの妥当性の名称と意味を理解しておくこと
- ■ 助動詞は，文意を汲んでこなれた訳にしよう

■ 下線部を訳しなさい。

For example, if the final examination in your psychology course contained especially difficult vocabulary words or trick questions, it might be a test of your verbal ability or test sophistication rather than of the material learned in the course. (1) Such an examination might be reliable – students would achieve about the same scores on a **retest**, and the separate items might all be measuring the same thing – but it would not be a valid test of achievement for the course.

In some instances, the **validity** of a test can be assessed by correlating the test score with some **external criterion**. This correlation is called a **validity coefficient**, and this kind of validity is called **criterion** or **empirical validity**. (中略)

(2) There may be aspects of intelligence for which it is not clear what the external criterion should be. How, for example, should a **researcher** assess the validity of a test for **achievement motivation**? One can think of a number of possibilities. (3) The test could be given to business executives to see if it correlates with their salaries. Perhaps the test will correlate with teachers' ratings of their students' ambition.

(*Atkinson and Hilgard's Introduction to Psychology 15th edition*, p.435)

The ability of a test to measure what it is intended to measure.

解説

(1) 下線部分には、動詞に推測の意味を加えてぼかすための might と would が使用されており、想定の話であるとわかる。might はどちらも「〜かもしれない」、would は「〜だろう」と訳せばよい。非常に長い1文であるが、ダッシュで挟まれた部分は「reliable」の具体的内容を示しているため、「つまり」などと接続語を補って2文にしてしまうと読みやすい訳になる。

(2) ここでも**推量を表す may**(「〜かもしれない」)が使われている。**should については義務の「〜すべき」と訳してほ**とんどの場合間違いない。

関連用語 (まずは*の単語を優先的に理解しよう)

内容的妥当性*	content validity
基準関連妥当性*	criterion validity
構成概念妥当性*	construct validity
生態学的妥当性	ecological validity
外的妥当性	external validity
内的妥当性	internal validity
表面的妥当性	face validity
一般化	generalization

(3) 下線部直前「a number of possibilities」のうち2つを紹介している。**可能性を表す could** は「〜でありうる」、**推量の will** は「〜だろう」と訳す。

全訳

たとえば、あなたの心理学の授業の期末試験が特別難しい単語や落とし穴のある問題を含んでいたら、それは授業で学んだ内容というより、あなたの言語能力や教養を測るテストになっている可能性がある。(1)このようなテストは、信頼性は高いかもしれない。つまり、生徒は**再テスト**において大体同じ得点を得るだろうし、別個の項目がすべて同じものを測定しているといえるかもしれない。しかし、このテストはその授業の達成度を測る妥当なテストではないだろう。

場合によって、テストの**妥当性**は、そのテストの得点を**外的基準**と関連させることで評価することができる。この相関は**妥当性係数**とよばれ、この種の妥当性は**基準関連妥当性**、あるいは**経験的妥当性**とよばれる。(中略)

(2)外的基準が何であるべきか、明らかでない知能の側面もあるかもしれない。たとえば、研究者は達成動機を測定するテストの妥当性をどのように評価すべきであろうか？ いくつかの可能性が考えられる。(3)そのテストは、社員の給料と相関があるかについて知るために、会社の経営者の手に渡ることがありうる。あるいは、そのテストは生徒の意欲についての教師の評価と関連づけられるだろう。

測ろうとしているものを実際に測れるテストの能力
妥当性：validity

その他の用語

	アクションリサーチ	action research
	準実験	quasi-experimental design
	倫理	ethic
☆	要約	abstract
	序論	introduction
☆	目的	purpose
	予測	prediction
☆	方法	method
☆	手続き	procedure
	材料	material
☆	結果	result
☆	考察	discussion
	効果	effect
☆	操作的定義	operational definition
☆	プロセス（過程）	process
	パラダイム	paradigm
	経験的な，実証的な	empirical
	演繹	deduction
	帰納	induction
☆	カウンターバランス	counterbalancing
☆	キャリーオーバー効果	carry-over effect
☆	順序効果	order effect
	予備テスト	pilot test
	予測変数	predictor variable
	剰余変数	extraneous variable
	媒介変数	intervening (mediator) variable

☆印の単語は，英語で書けるようにしておこう

第2章

Learning, Perception, Cognition

学習・知覚・認知

●●●●●▶ 傾向と対策

　学習の研究は長年，前章でふれた行動主義心理学のもとで行われてきた。10章でふれる**行動療法とのかかわり**からみても，2種類の条件づけや，それらにかかわる「般化」「消去」といった諸概念をしっかりと理解しておきたい。

　知覚は，基礎心理学において大きな比重を占める重要な分野である。とくにその中でも「**視覚**」「**注意**」「**乳幼児期の知覚の発達**」についてはよく出題される。発

達臨床を専門とする大学院では，**乳児を対象とした研究法についての出題**も過去にあるため，理解を深めておこう。

　さらに第1部の出題傾向でも見られたように，認知心理学領域からの出題も例年一定数ある。**とくに重要なトピックとしては「記憶」があげられる**が，その他に「メタ認知」に関する出題も見られる。志望校の出題傾向を把握し，必要に応じて深い学習が必要になるだろう。

NO	出題頻度	用語	
11	A	レスポンデント条件づけ	respondent conditioning
12	A	オペラント条件づけ	operant conditioning
13	A	モデリング	modeling
14	C	学習性無力感	learned helplessness
15	C	試行錯誤と洞察	trial-and-error learning, insight
16	B	知覚の恒常性	perceptual constancy
17	B	スキーマ	schema
18	B	プライミング	priming
19	B	メタ認知	metacognition
20	B	記憶の3過程	—
21	A	短期記憶	short-term memory
22	A	長期記憶	long-term memory
23	C	系列位置効果	serial position effect
24	B	忘却	forgetting

出題頻度は，長文問題としての出題のされやすさを表します（A＞B＞C）。

2 学習・知覚・認知 ▶ ▶ ▶ 鉄則5：修飾　難易度：★★☆

11 レスポンデント条件づけ

respondent conditioning

学習・読解のポイント
- □ 別名，古典的条件づけ（classical conditioning）
- □ 有名な実験例と合わせて理解しておこう
- ■ 長い文に見えても，修飾関係を把握することで訳しやすくなる

■ 下線部を訳しなさい。

(1) **Pavlov** noticed that the dogs that had been trained to have a **conditioned response** to a certain tone, would show the same response to a tone that was slightly higher or lower in pitch. This is called response **generalization**: the more similar the new **stimuli** are to the original conditioned stimulus, the more likely they are to evoke the same response. Suppose that a person is conditioned to have a mild emotional reaction to the sound of a tuning fork producing a tone of middle C. (2) This emotional reaction can be measured by the galvanic skin response, or GSR, which is a change in the electrical activity of the skin that occurs during emotional stress. That person will show a change in GSR in response to higher or lower tones without further **conditioning**.

(3) **Stimulus generalization** accounts in part for a human or animal's ability to react to novel stimuli that are similar to familiar ones – an ability that is clearly adaptive. Organisms might not be exposed to exactly the same stimulus very often, but similar stimuli are likely to predict similar event.

（*Atkinson & Hilgard's Introduction to Psychology 15th edition*, p.242）

A learning process through which one stimulus comes to predict the occurrence of another stimulus and to elicit a response similar to or related to the response evoked by that stimulus.

解説

(1)「Pavlov noticed that〜」のthatは接続詞（「〜ということ」）。「that had been〜」は直前の「the dogs」、「that was〜」は直前の「a tone」を修飾する関係代名詞節であり、同じthatでも役割が異なることに注意。
(2)「which」以降は直前の「GSR」を修飾する関係代名詞節。その中でさらに「that」以下が「the electrical activity」を修飾している。
(3)「account for」は「説明する」という意味の熟語だが、その間に「in part」という修飾語句が入っているため、述部が見えにくくなっている。「that are〜」が「novel stimuli」、「that is〜」が「an ability」を修飾する関係代名詞節。ダッシュ以降は、前述「ability」に対する補足説明であり、訳では（　）内に入れる程度でよい。

関連用語 (まずは*の単語を優先的に理解しよう)

パブロフ*	Pavlov, I. P.
無条件刺激*	unconditioned stimulus
無条件反応*	unconditioned response
中性刺激	neutral stimulus
条件刺激*	conditioned stimulus
条件反応*	conditioned response
般化*	generalization
分化*、弁別*	differentiation, discrimination
消去*	extinction
自発的回復*	spontaneous recovery

全訳

(1) **パブロフは、ある音に対して条件づけられた反応を見せるように訓練された犬が、若干高め、あるいは低めの音に対しても同じ反応を示すことに気づいた。** これは反応の**般化**とよばれる。
　新たな**刺激**が元々の条件刺激に似ていればいるほど、その刺激は同じ反応を引き起こす傾向にある。ある人が中間ハ音を出す音叉の音に対して穏やかな情動反応を示すように条件づけられたと仮定しよう。(2) **この反応は、情動ストレスが経験される間に生じる皮膚の電気活動における変化を表す電気皮膚反応（GSR）によって測定される。** その人は、さらなる条件づけをせずとも、高め、あるいは低めの音への反応として GSR の変化を示すだろう。
　(3) **刺激般化**は、慣れた刺激に似た新たな刺激へも反応する、人間あるいは動物のもつ能力（明らかに適応的な能力）を部分的に説明するものである。生物が全く同じ刺激にさらされることはそうしばしばないだろうが、似た刺激は似た出来事を予測するものなのである。

ある刺激が、別の刺激が生じることを予測させ、元の刺激によって生じる反応と似た、あるいは関連した反応を引き出すようになる学習過程
レスポンデント条件づけ：respondent conditioning

2 学習・知覚・認知 ▶ ▶ ▶ 　鉄則2：意訳　　難易度：★★☆

12 オペラント条件づけ

operant conditioning

学習・読解のポイント
- □ 別名，道具的条件づけ (instrumental conditioning)
- ■ 積極的に意訳をして，自然な和文を目指そう

■ 下線部を訳しなさい。

　One popular show featured 'Priscilla, the Fastidious Pig'. Priscilla turned on the TV set, ate breakfast at a table, and picked up dirty clothes and put them in a hamper. She was not an unusually bright pig; in fact, because pigs grow so fast, a new 'Priscilla' was trained every three to five months. (1) <u>The ingenuity was not the pig's but the **experimenters**', who used **instrumental conditioning** and shaped the pig's behavior to produce the desired result.</u>（中略）

　Importantly, the Brelands' work also indicated that not all behaviors could be shaped. (2) <u>For example, they had great difficulty training raccoons to drop coins into a piggy bank to receive a food reward.</u> Rather than drop the coins in the bank to obtain a food **reinforcer**, the raccoons would rub them together incessantly, drop them in the bank, pull them out again, and continue rubbing them together. This behavior, of course, resembles the behavior that raccoons normally display to natural food items. (3) <u>The behavioral predisposition of the raccoon to vigorously manipulate an object associated with food made it difficult to shape a novel response.</u> The phenomenon of animals resorting to biologically natural behaviors is called **instinctive drift**. It reveals that instrumental conditioning, operates under **biological constraints**.

（*Atkinson & Hilgard's Introduction to Psychology 15th edition*, p.249）

A type of learning in which the consequences of behavior are manipulated in order to increase or decrease that behavior in the future.

解説

(1) 直訳すると「巧妙さは豚のものではなく、〜な実験者のものであった」と、不自然な訳になる。この文が伝えたいのは、「豚がすごいのではなく、実験者がすごいのだ」ということ。それがわかるように意訳してほしい。

(2)「have difficulty」は「困難を抱える」。しかし、「彼らは〜に困難を抱えた」というのも不自然。そこで訳中では、「〜は彼らにとって困難だった」とした。英語長文では頻出表現であるため、ぜひ覚えておこう。

(3)「主語 make A B」が中心の形。直訳すると「主語がAをBにする」。これも「主語によってAがBになる」と意訳した方が断然読みやすくなる。

関連用語 （まずは*の単語を優先的に理解しよう）

スキナー*	Skinner, B. F.
オペラント行動*	operant behavior
レスポンデント行動*	respondent behavior
報酬	reward
正の強化*	positive reinforcement
負の強化*	negative reinforcement
正の弱化（罰）*	positive punishment
負の弱化（罰）*	negative punishment

全訳

ある人気のテレビ番組が「気難しい豚のプリシラ」を特集した。プリシラはテレビをつけ、朝食をテーブルで食べ、汚れた服を拾って洗濯かごに入れた。彼女は特別賢い豚というわけではなかった。事実、豚の成長は速いため、3〜5ヶ月ごとに新しいプリシラが訓練された。(1) 巧妙だったのは豚の方ではなく**実験者**の方であった。彼らは**道具的条件づけ**を利用し、望ましい結果を出すように豚の行動を形成していったのである。(中略)

重要なことには、ブレランドの研究によって、すべての行動が形成されうるわけではないということも示された。(2) たとえば、食べ物の報酬を得るために、豚の貯金箱の中にコインを入れるということをアライグマに訓練するのは、彼らにとって非常に困難であった。**食物強化子**を得るために貯金箱にコインを入れるのではなく、アライグマはそれらをひっきりなしにこすり合わせ、貯金箱の中に落とし、また拾い上げ、こすり合わせ続けた。これはもちろん、アライグマが通常自然の食物に対して見せる行動と似ている。(3) 食物にちなんだ物を精力的に操るというアライグマの行動上の傾向により、新しい反応の形成が困難になったのだ。動物が、生物学上自然な行動をとる現象は**本能的逸脱**とよばれる。それは道具的条件づけが**生物学的制約**の元で作用していることを明らかにしている。

ある行動の将来的な発生を増やす、あるいは減らすために、その行動の結果が処理されるような学習の種類
オペラント条件づけ：operant conditioning

2 学習・知覚・認知 ▶ ▶ ▶ 鉄則10：記号　難易度：★ ☆ ☆

13 モデリング

modeling

学習・読解のポイント
- □ 観察学習（observational learning）とほぼ同義
- □ バンデューラの実験を例に代理強化の過程を理解しておこう
- ■ 記号を利用しながら読み手に伝わりやすい訳を目指そう

■ 下線部を訳しなさい。

（類題：平成 21 年　明治大学大学院 文学研究科 臨床人間学専攻）

(1) According to a **social learning model, aggressive behavior** is acquired and maintained primarily through (1) **observational learning** from aggressive models, live or in the media; (2) direct experience of rewarding consequences for aggression; or (3) **self-regulatory** influences (e.g., applying self-reward or punishment and differential application of **cognitive feedback** process). (2) In real life, these influences rarely act singly; instead, they interact with each other in a reciprocal process. Children whose experience has taught them to select aggressive responses at high rates learn to expect others to respond aggressively toward them. This expectation further influences the child to act aggressively. Others respond to the child with counteraggression, thus strengthening the initial expectation.

(*Helping schoolchildren cope with anger*, p.10)

Learning by observing the behavior of others and the consequences of that behavior; learning by imitation.

解説

(1)「, live or in the media」のカンマは、「aggressive model」に**付加情報を加えるためのもの**である。また、**本文中の番号**であるが、大きくは「(1), (2), or (3)」の構造に従って訳そう。このように本文中に番号が出てきたら、訳の中にも必ず番号を残すこと。次に、**接続のセミコロン**の役割も確認しておきたい。**すでにカンマを含むような文同士をつなげる際にはセミコロンが使用される**。セミコロンは、**関連の強い内容をつなぐ記号**であり、ここでも3つの内容が並列でつながっている。さらに、カッコ内の「**e.g.**」は**例を示す記号**である。訳の中ではカッコ内に入れたまま、「たとえば」などと補って訳せばよい。

関連用語 (まずは*の単語を優先的に理解しよう)

社会的学習理論	social learning theory
代理強化*	vicarious reinforcement
直接強化	direct reinforcement
攻撃行動	aggressive behavior
ソーシャルスキル*	social skill
アサーション教育*	assertion education

(2) 文中で接続副詞 (however, instead, therefore, thus など) を使用する場合、本来その前にはカンマでなくセミコロンを打つのが正しい。訳に影響はないため、そのまま訳すと覚えておこう。また、無理やり1文にまとめようとせず、「**; 接続副詞**」**の前で一度区切って訳した方がよい**。

全訳

(1) 社会的学習理論モデルによれば、攻撃行動は主に次の3つを通して獲得、維持される。その3つとは、(1) 直接かメディアを通してかを問わず、攻撃的なモデルからの観察学習、(2) 攻撃に対する報酬の直接的経験、あるいは (3) 自己調整的影響 (たとえば、自己報酬や罰の適用、あるいは認知的フィードバック過程の特異的応用) である。(2) 現実生活において、これらの影響が単一で作用することは滅多にない。むしろ、それらの影響は相互的な過程で互いに影響し合っている。高い割合で攻撃的な反応を選択するような経験をしてきた子どもは、他者が彼らに対して攻撃的に反応するだろうと学習する。この期待によって、その子どもはさらに攻撃的にふるまうようになる。他者は、返報的な攻撃をもってその子どもに反応する。こうして、当初の期待が強められるのだ。

他者の行動と、その行動の結果を観察することによる学習。模倣による学習。
モデリング：modeling

2 学習・知覚・認知

14 学習性無力感

learned helplessness

学習のポイント
- □ セリグマンの犬の実験をおさえておこう
- □ 学習理論を活用した学習法についてここにあげたものは要チェック

■ The learned response of resigning oneself passively to aversive conditions, rather than taking action to escape or avoid them; learned through repeated exposure to inescapable or unavoidable aversive events.

嫌悪的な状況から逃げたり，それを避けたりするのではなく，むしろ受動的に従うように学習された反応。逃避，あるいは回避不可能な嫌悪的出来事に繰り返し身をさらすことで学習される　　　　　【学習性無力感】

■ Gradually training an organism to perform a specific response (behavior) by reinforcing any responses that are similar to the desired response.

獲得させたい反応に似た反応を強化することによって，生物がある特定の反応（行動）をするように，徐々に訓練していくこと　　　　　【シェイピング法】

関連用語をおさえよう

まずは☆の単語を優先的に理解しよう。

☆	セリグマン	Seligman, M. E.
☆	シェイピング法	shaping
☆	スモールステップ	small step
	フィードバック	feedback
☆	学習の転移	transfer of learning
	正/負の転移	positive / negative transfer
	高原現象	plateau phenomenon
	トークン・エコノミー法	token economy
	逃避学習	escape learning
	回避学習	avoidance learning

The application of skills, knowledge, and/or attitudes that were learned in one situation to another learning situation.

76

2 学習・知覚・認知

15 試行錯誤と洞察

trial-and-error learning, insight

学習のポイント
□ ソーンダイク，ケーラーの実験を例に対比的な理解を

■ An approach to problem solving in which one solution after another is tried in no particular order until an answer is found.
解が見つかるまで特に決まった順もなく次から次へと試すような問題解決の様式 【 試行錯誤 】

■ The sudden realization of the relationship between elements in a problem situation, which makes the solution apparent.
問題状況の要因間の関係に突然気がつき，それによって解が明らかになること 【 洞察 】

■ The principle that behaviors are selected by their consequences.
行動はその結果によって選択されるとする法則 【 効果の法則 】

■ A cognitive process of transferring information or meaning from a particular subject to another particular subject.
あるものから別のものへ，情報や意味を転移させる認知過程 【 類推 】

関連用語をおさえよう
まずは☆の単語を優先的に理解しよう。

☆	ソーンダイク	Thorndike, E. L.
☆	ケーラー	Kohler, W.
☆	効果の法則	law of effect
	問題解決	problem solving
	帰納的推論	inductive reasoning
	演繹的推論	deductive reasoning
	熟達者/初心者	expert / novice
	類推	analogy
	アルゴリズム	algorism
	ヒューリスティクス	heuristics

ある状況で学習されたスキルや知識，態度が，他の状況にも適用されること
学習の転移：transfer of learning

77

2 学習・知覚・認知 ▶▶▶ 鉄則4：推測　難易度：★☆☆

16 知覚の恒常性

perceptual constancy

学習・読解のポイント
- □ 知覚については，恒常性の他，錯視についてもおさえておきたい
- ■ 知らない意味の単語も前後の文脈から推測して訳しきること

■ 下線部を訳しなさい。

(1) A black cat seen in bright light is objectively lighter (it reflects more light to you) than a white cat in dim light; yet somehow in any kind of light, we maintain the **perception** that the black cat is actually black, while the white cat is actually white. (2) An elephant seen from far away projects a smaller image on our retina than a gopher seen from close up; yet somehow, no matter what the distance, we maintain the perception that the elephant is larger than the gopher. (3) In general, what we perceive is – and this almost sounds like magic – a perception of what an object is actually like rather than a perception based solely on the 'objective' physical information that arrives from the environment.

Although **constancy** is not perfect, it is a salient aspect of visual experience and it should be; otherwise the world would be one where sometimes elephants are smaller than mice and where Denzel Washington is sometimes lighter colored than Brad Pitt, depending on the particular situation. If the shape and color of an object changed every time either we or it moved, the description of the object that we construct in the early stages of **recognition** would also change, and recognition would become an impossible task.

(*Atkinson & Hilgard's Introduction to Psychology 15th edition*, p.179-180)

The tendency to perceive objects as maintaining stable properties, such as size, shape, brightness, and color, despite differences in distance, viewing angle, and lighting.

解説

(1)「dim」の意味は，文の**比較構造から推測**ができる。つまり，対比されているのが「bright (light)」であることから，その反対の意味ととればよい。

(2)「gopher」の意味を知っている人は少ないだろう。しかし2段落目で，「elephant」の比較対象が「mice」になっていることに気がつけば，「gopher」がある種のネズミであると推測可能だ。このように**言い換え表現から意味を推測**できることもあるため，他の箇所にも目を向けてみよう。

(3)「'objective'」はシングルクオテーションが付されていることから訳について悩

関連用語 (まずは*の単語を優先的に理解しよう)

感覚*	sensation
知覚*	perception
カクテルパーティー効果*	cocktail party effect
奥行き知覚	depth perception
両眼視差	disparity
図と地	figure and ground
きめの勾配	texture gradient
主観的輪郭	subjective contour
錯視	illusion
両耳分離聴	dichotic listening

むところだが，ここでも比較対象となっている「実際にどのようなものか」の反対と推測して，「見たまま」を表す「客観的」とした。

全訳

(1) 明るい光の下で見る黒猫（より多くの光を反射している）は，薄暗い光の下で見る白猫よりも客観的に明るく見える。しかし，どのような光の下にあっても，我々は，黒猫は実際黒く，白猫は実際に白いという**知覚**を保っている。(2) 遠くにいる象は，近くにいるホリネズミより小さな姿を網膜上に映し出す。しかし，距離に関係なく，我々は，象がホリネズミよりも大きいという認識をもつ。(3) 一般的に，我々が知覚しているものは（ほとんど魔法のように聞こえるが），環境に由来する単に「客観的な」物理的情報に基づく認識というよりは，その対象物が実際にどのようなものであるかについての認識なのである。

恒常性は完璧なものではないが，それは視覚経験の顕著な側面であり，またそうあるべきなのだ。さもないと状況により，時として象がネズミより小さく，時としてデンゼル・ワシントンがブラッド・ピットより肌の色が明るいように世界が認識されてしまう。自分，あるいはその物が動くたびに対象の形や色が変化するとしたら，我々が認識の初期段階で作り上げる対象の描写もまた変わってしまい，認識が不可能な作業になってしまう。

距離や見る角度，明暗の違いによらず，大きさや形，明るさや色など，安定した特性を維持するように物を知覚する傾向
知覚の恒常性：perceptual constancy

2 学習・知覚・認知 ▶ ▶ ▶ 　鉄則7：対比　　難易度：★☆☆

17 スキーマ

schema

学習・読解のポイント
- □ 社会心理学領域の英文としてもよく出題されるテーマ
- ■ 対比構造をしっかりとらえた訳作りを意識しよう

■ 下線部を訳しなさい。

　A **schema** is a **cognitive structure** that helps us perceive, organize, process, and utilize information. (1) Through the use of schemas, each individual develops a system for identifying what is important in his or her environment while ignoring everything else. Schemas also provide a structure within which to organize and process information. For example, most people have developed a mother schema. When asked to describe their mother, it is easy for them because the information is organized into a well-defined cognitive structure. (2) It is easier to describe one's mother than to describe a woman one has heard about but has never met.

　Perhaps the most important schema is the **self-schema**, which consists of 'cognitive generalizations about the self, derived from past experience, that organize and guide the processing of self-related information'.

　The core of the self-schema is basic information, such as the person's name, physical appearance, and relationships with significant people. (3) But more important from the standpoint of individual differences are particularistic features of the self-schema.

(*Atkinson & Hilgard's Introduction to Psychology 15th edition*, p.482)

The integrated frameworks of knowledge about people, objects, and events, which are stored in long-term memory and affect the encoding and recall of information.

解説

(1) 接続詞「while」は，主節の後方に置いて対照を表すことができる。ここでは「大切なものを同定する」ことの対照に「他のすべてを無視する」ことが述べられている。

(2) 「It」が形式主語になっている構文。真の主語は「to describe one's mother」であり，than以降の「to describe a woman ～」と比較されている。

(3) この文はその位置から「more important」が主語であると誤解しがちである。しかし「important」は形容詞であり，主語にはならない。このことから，真の主語が「particularistic ～」の部分で，**倒置**が起きていると気がつきた

関連用語 (まずは*の単語を優先的に理解しよう)

バートレット	Bartlett, F. C.
選択的注意*	selective attention
知覚的鋭敏化*	perceptual sensitization
知覚的防衛*	perceptual defense
スクリプト	script
事象スキーマ	event-schema
人スキーマ	person-schema
自己スキーマ	self-schema
役割スキーマ	role-schema

い。倒置させることにより，前文で述べられた「basic information」と比較して，「particularistic ～」の方がより重要であると**強調**することができる。訳にもその理解をしっかりと反映させてほしい。

全訳

スキーマとは我々が情報を認識し，まとめ，処理し，利用するのを助ける**認知構造**である。(1)スキーマの使用を通して，人は自分のいる環境の中で，大切なものを同定すると同時に他のすべてを無視するためのシステムを構築する。スキーマは情報をまとめ，処理するための構造も提供する。たとえば，ほとんどの人が母親スキーマを作り上げる。自分の母親について説明することを求められても，情報がよく定義された認知構造に整理されているため，それは簡単である。(2)聞いたことはあるが会ったことがない女性について説明するより，母親について説明する方が簡単なのである。

おそらく最も大切なスキーマは**自己スキーマ**である。自己スキーマとは，「過去の経験に基づき自分に関する認識を一般化したもので，自分に関連する情報の処理を体系づけたり，左右したりする」。

自己スキーマの中心は，名前や見た目，重要な他者との関係といった基本的情報である。(3)しかし，個人差の観点から見てより重要なことは，自己スキーマの排他的な特徴である。

人，物，出来事に関する統合された知識枠組みで，長期記憶に保持されており，情報の符号化や検索に影響を及ぼすもの
スキーマ：schema

2 学習・知覚・認知 ▶ ▶ ▶　鉄則1：SV　難易度：★☆☆

18 プライミング

priming

学習・読解のポイント
- □ 実験概要を記述した英文の出題が多い
- □ プライミング効果を検証した有名な実験手続きを確認しておくこと
- ■ 「there is / are」は，後ろに主語が置かれる構文であることに注意

■ 下線部を訳しなさい。

　The basic distinction is between **explicit** and **implicit memory.** (Recall that explicit memory involves consciously recollecting the past, while implicit memory shows up as improved performance of a **skill** without **conscious recollection** of the lessons that led to it.) With regard to implicit memory, a further distinction is made between **perceptual-motor skills**, such as reading mirror-reversed words, and **priming**, as occurs in word-stem completions. (1) The reason for assuming that skills and priming may involve different memory stores is that there are patients with **brain damage** (individuals in the early stages of **Alzheimer's disease**) who are able to learn motor skills but show less priming than normal. (2) In contrast, there are other brain-damaged patients (individuals with **Huntington's disease**) who show normal priming but have difficulty learning new motor skills (Schacter, 1989).

(*Atkinson & Hilgard's Introduction to Psychology 15th edition*, p.296)

The increased accessibility or retrievable of information stored in memory produced by the prior presentation of relevant cues.

解説

(1) ここで主部の中心となるのは「the reason」で、「for assuming～」によって修飾されている。「assuming」の目的語として接続詞の that が導く節が続くため、ここもまだ主部の一部である。that 節内の動詞は「may involve」であり、ようやくその後の「is」がこの文の中心となる動詞であるとわかる。つまり「is」の前までが長い主部となっている。また、補語部分の that 節内では「there is / are」構文が使われているため、「patients」以下が主語となるように訳していくこと。

(2)「There is / are」構文は、倒置が生じたものであり、本来の主語にあたる部分が動詞の後ろにくる形となっている。したがって、主部の中心は「other brain-damaged patients」であり、それを修飾する関係代名詞の who 節も含めた部分が主部に該当する。

関連用語 (まずは*の単語を優先的に理解しよう)

サブリミナル*	subliminal
単純接触効果*	mere exposure effect
文脈効果*	context effect
潜在記憶	implicit memory
ターゲット	target
意味ネットワークモデル	semantic network model
活性化拡散	spreading activation
促進的影響	facilitative effect

全訳

基本的な区別は**顕在記憶**と**潜在記憶**である（顕在記憶は過去の**意識的な想起**を含む一方、潜在記憶は向上をもたらした訓練の**意識的な想起**を伴わず、向上した**技能**パフォーマンスとして現れる、ということを思い出しておこう）。潜在記憶についてはさらに、鏡映文字を読むといったような**視覚－運動技能**と、単語－語幹の完成課題において生じるような**プライミング**に区別される。(1) 技能とプライミングが別の記憶貯蔵庫に関与するかもしれないという仮定の根拠は、運動技能は学習できるがプライミング効果は健常者より弱い**脳損傷患者**（**アルツハイマー病**の初期段階にある人）の存在である。(2) これに対して、プライミングは正常であるが新しい運動技能の学習が困難な患者（**ハンチントン病**の人）も存在するのである（Schacter, 1989）。

関連する手がかりを事前に提示することで、記憶に貯蔵された情報のアクセス可能性、検索可能性が向上すること
プライミング：priming

2 学習・知覚・認知

メタ認知

metacognition

学習のポイント
- ☐ メタ認知は近年出題数増加中
- ☐ メタ記憶など，メタ○○（○○についての○○）の意味をおさえよう

■ The ability to reflect on one's own thoughts, an ability that is critically important to the learning process: cognition of cognition.
自分自身の思考について熟考する能力で，学習過程に非常に重要となる能力：自分の認知についての認知 　【 メタ認知 】

■ Knowledge about how your memory works, the contents of it and how to regulate it.
記憶の作用の仕方，内容，そしてその調整の仕方についての知識
　【 メタ記憶 】

■ The processes by which people reflect on their own cognitive and memory processes.
人が自分の認知，記憶のプロセスについて思案する過程 　【 モニタリング 】

関連用語をおさえよう
まずは☆の単語を優先的に理解しよう。

☆	モニタリング	monitoring
	コントロール	control
	プランニング	planning
	知覚	perception
	学習	learning
	記憶	memory
	思考	thought
	言語	language
☆	メタ記憶	metamemory

The subjective feeling that people have of being confident that they know the target word for which they are searching, yet they cannot recall this word.

84

2 学習・知覚・認知

20 記憶の3過程

学習のポイント
- □ 符号化（記銘），貯蔵（保持），検索（想起）を覚えよう
- □ 用語問題対策として，関連用語もチェック

■ Transforming information into a form that can be stored in short-term or long-term memory.
短期記憶，あるいは長期記憶に貯蔵可能な形に情報を変換すること
【　符号化　】

■ The act of maintaining information in memory.
記憶に情報を維持すること
【　貯　蔵　】

■ The act of bringing to mind material that has been stored in memory.
記憶に貯蔵された内容を思い起こすこと
【　検　索　】

■ A memory formed during the first experiencing of an event.
ある出来事を初めて経験する間に形成される記憶
【　記憶痕跡　】

関連用語をおさえよう

まずは☆の単語を優先的に理解しよう。

☆	記憶痕跡	memory trace
☆	符号化	encoding
☆	貯蔵	storage
☆	検索	retrieval
☆	記銘	memorization
☆	保持	retention
☆	想起	remembrance
☆	短期記憶	short-term memory
☆	長期記憶	long-term memory
☆	舌端現象	tip-of-the-tongue phenomenon (TOT)

探しているその単語を知っている自信があるのに思い出せないときに経験する主観的な感情
舌端現象：tip-of-the-tongue phenomenon

2 学習・知覚・認知　鉄則5：修飾　難易度：★☆☆

21 短期記憶

short-term memory

学習・読解のポイント
- □ 作業記憶は最重要テーマの１つ
- □ バッデリー（Baddeley）の作業記憶モデルをよく理解しておくこと
- ■ 文章中の例を読むと，下線部の内容をより理解できる
- ■ 分詞や関係詞，不定詞を見つけたら修飾されている語を探そう

■ 下線部を訳しなさい。

　Working memory plays an important role in **thought**. (1) When consciously trying to solve a problem, we often use working memory to store parts of the problem as well as information accessed from **long-term memory** that is relevant to the problem. To illustrate, consider what it takes to multiply 35 by 8 in your head. You need working memory to store the given numbers (35 and 8), the nature of the operation required (multiplication), and arithmetic facts such as $8 \times 5 = 40$ and $8 \times 3 = 24$. Not surprisingly, performance on mental arithmetic declines substantially if you have to remember simultaneously some words or digits; try doing the mental multiplication just described while remembering the phone number 745-1739 (Baddeley & Hitch, 1974). (2) Because of its role in mental computations, researches often conceptualize working memory as a kind of blackboard on which the mind performs computations and posts the partial results for later use (Baddeley, 1986).

（*Atkinson & Hilgard's Introduction to Psychology 15th edition*, p.282）

用語Q： The memory system that holds about seven items for less than 30seconds without rehearsal; also called working memory because it is the mental workspace for tasks being thought about at any given moment.

86

解説

(1)「When ～」は**接続詞の残った分詞構文**で，主節全体を修飾している。元の形は「When we consciously try to solve ～」である。「to store」は「use」を**修飾する不定詞**。「store」の目的語は「**A as well as B**」の形になっており，「Bだけでなく A」と訳す。A に当たるのは「parts」，B に当たるのが「information」で，「accessed ～ memory」という**分詞句によって修飾されている**。その後の **that 節が修飾**するのが直前の「long-term memory」なのか，さらに前の「information」なのか悩むかもしれないが，意味を考えると後者だとわかる。
(2)「on which ～」は直前の「blackboard」を**修飾する関係代名詞節**。その節の中で，「performs」と「posts」が並置されている。文末の「later use」は直訳すると「後の使用のために」となるが，このように**不自然になる名詞は動詞表現に変えて訳す**とよい。全訳でも「後で使用するために」とした。

関連用語 (まずは*の単語を優先的に理解しよう)

感覚記憶*	sensory memory
作業記憶*	working memory
音韻ループ	phonological loop
視空間スケッチパッド	visuo-spatial sketchpad
中央実行系	central executive
チャンク*	chunk
マジカルナンバー7*	magical number 7
二重課題法	dual-task method
虚偽記憶症候群	false memory syndrome
アイコニックメモリー	iconic memory
エコーイックメモリー	echoic memory

第2章 学習・知覚・認知

全訳

作業記憶は思考において重要な役割をはたす。(1) 我々は，ある問題を意識的に解決しようとするとき，その問題に関連する長期記憶から引き出した情報だけでなく，問題の一部を保持するためにもしばしば作業記憶を使用する。たとえば，35×8 を暗算で行うとき何が生じるか考えよう。与えられた数 (35 と 8) と，要求された操作 (掛け算) の性質と，8×5 は 40 だとか 8×3 は 24 だといった計算的事実を保持するために，作業記憶が必要となる。当然のことながら，単語や数字を同時に覚えておかなければならないときには，心的計算のパフォーマンスはかなり落ちる。今述べた掛け算の暗算を 745-1739 という電話番号を覚えたままやってみよう (Baddeley & Hitch, 1974)。(2) 心的計算におけるその役割から，頭の中で計算を行い，後で使用するために部分的な結果を書きとめておく一種の黒板のようなものとして，心理学者は作業記憶を概念化している (Baddeley, 1986)。

用語 A

リハーサルをしない場合，およそ 7 アイテムを 30 秒以下留める記憶システム。常に課題が思考される心的作業場になっているため，作業記憶ともよばれる
短期記憶：short-term memory

2 学習・知覚・認知 ▶ ▶ ▶ 鉄則4：推測 難易度：★★☆

22 長期記憶

long-term memory

学習・読解のポイント
- □ 長期記憶も頻出中の頻出
- □ 記憶の分類，名称，役割について英語で理解できるようにしておこう
- ■ 代名詞の内容を把握しながら読み進める練習をしよう

■ 下線部中のitが表す内容を述べなさい。

　A striking aspect of **amnesia** is that not all kinds of **memory** are disrupted. Thus, while **amnesiacs** generally are unable to either remember old **facts** about their lives or learn new ones, they have no difficulty remembering and learning perceptual and motor **skills**. This suggests that there is a different memory for facts than for skills. (1) More generally, it suggests that explicit and implicit memory (which **encode** facts and skills, respectively) are different systems.

　The skills that are preserved in amnesia include motor skills, such as tying one's shoelaces or riding a bike, and perceptual skills, such as normal reading or reading words that are projected into a mirror (and hence reversed). Consider the ability of reading mirror-reversed words. To do this well takes a bit of practice (try holding this book in front of a mirror and reading it). Amnesiacs improve with practice at the same rate as normal participants, although they may have no memory of having participated in earlier practice sessions. (2) They show normal memory for the skill but virtually no memory for the learning episodes that developed it (the latter being facts).

（*Atkinson & Hilgard's Introduction to Psychology 15th edition*, p.294)

The relatively permanent memory system with a virtually unlimited capacity.

解説

(1) 解答例 記憶喪失者において，事実は失われるが，技能は保たれたり新たに学習されたりすること。

「it」はすでに述べられたものを受ける代名詞であるから，**まずは当然直前から探す**。すると，前文の主語も指示代名詞の「this」であり，さらに前文まで遡る必要があるとわかるだろう。つまり，2つ前の文に「it」の指す内容があったのである。

(2) 解答例 技能

この程度の内容であれば，**積極的に回答の訳中にも入れていきたい**。理解しやすい訳になるだけでなく，自分の理解の深さを読み手に伝えることもできる。

関連用語（まずは*の単語を優先的に理解しよう）

維持リハーサル*	maintenance rehearsal
精緻化リハーサル*	elaborative rehearsal
宣言的記憶*	declarative memory
顕在記憶	explicit memory
手続き的記憶*	procedural memory
潜在記憶	implicit memory
意味記憶*	semantic memory
エピソード記憶*	episodic memory
幼児期健忘	childhood amnesia
処理水準	level of processing

全訳

記憶喪失の特徴的な点は，すべての種類の記憶が消えるわけではないということである。たとえば，記憶喪失者が一般的に自分の人生についての古い事実を覚えていたり，新しいことを学習したりすることができない一方，彼らは知覚的，あるいは運動的な技能を覚えていたり，学習したりすることには困難をいだかない。これは事実と技能には異なる記憶が存在することを示す。(1) より一般的にいえば，それは顕在的記憶と潜在的記憶（それぞれ事実と技能を**符号化する**）が，異なるシステムであることを示しているのだ。

記憶喪失者に保たれる技能とは，靴ひもを結んだり，自転車に乗ったりという運動的技能，そして通常の読み，あるいは鏡に映し出された文字（ゆえにひっくり返っている）を読むことといった知覚的技能を含む。鏡映文字を読む能力について考えてみよう。これをうまくやるには，少々練習が必要だ（本書を鏡の前でもって，読んでみよう）。記憶喪失者が練習すると，練習セッションに参加したことは忘れてしまっているのだけれど，一般的な人と同じ速さで上達する。(2) 彼らは技能に関しては通常の記憶を示すが，その技能を発達させるための学習エピソードについてはほとんど記憶していないのである（後者は事実のことである）。

事実上無制限の容量をもつ比較的永続的な記憶
長期記憶：long-term memory

2 学習・知覚・認知

23 系列位置効果

serial position effect

学習のポイント
- □ 長文としての出題はほとんどないため，用語問題対策をしよう
- □ 各種課題の名称，内容についても理解しておきたい

■ The tendency to remember the beginning and ending items of a sequence or list better than the middle items.
順に並んだものやリスト中の初め，あるいは終わりの項目を，中盤の項目よりよく記憶している傾向　　【系列位置効果】

■ The act of retrieving information or events from the past while lacking a specific cue to help in retrieving the information.
情報の検索を助ける手がかりなしに，情報や出来事を検索すること
【　再　生　】

■ A sense of familiarity when encountering people, events or objects that have previously been encountered.
前に接触したことのある人や出来事，物に出会ったときにもつ，よく知っているという感覚　　【　再　認　】

関連用語をおさえよう

まずは☆の単語を優先的に理解しよう。

	再生	recall
	再認	recognition
	再構成	reconstruction
☆	初頭効果	primacy effect
☆	新近効果	recency effect
☆	短期記憶	short-term memory
☆	記憶の二重貯蔵モデル	two-store model of memory

A graph that illustrates how humans forget information over time.

90

24 忘却

forgetting

学習のポイント
- [ ] 忘却のメカニズムを説明した諸説について理解しておくこと
- [ ] これらの知見を普段の学習にも生かしてみよう

■ The problem of retrieving information from memory.
記憶から情報を検索する際の問題 　【　忘　却　】

■ A belief that memories fade over time, especially if they're not used.
とくに使用されない場合，記憶は時とともに薄れていくという考え
【　減衰説　】

■ A belief that difficulties in retrieving information from memory cause by other material learnt either previously (proactive interference) or subsequently (retroactive interference).
記憶からの情報検索の困難が，以前に学習した内容（順向干渉），あるいは以降に学習した内容（逆向干渉）によって生じるとする考え　【　干渉説　】

関連用語をおさえよう

まずは☆の単語を優先的に理解しよう。

☆	エビングハウス	Ebbinghaus, H.
	ジェンキンス	Jenkins, J. G.
	タルヴィング	Tulving, E.
	無意味つづり	nonsense syllable
☆	忘却曲線	forgetting curve
☆	減衰説	decay theory
☆	干渉説	interference theory
☆	検索失敗説	retrieval failure theory
☆	順向干渉	proactive interference
☆	逆向干渉	retroactive interference
	レミニッセンス	reminiscence
☆	抑圧説	repression theory
	符号化特定性理論	encoding specificity principle

人が時とともにどのように情報を忘却していくかを示したグラフ
忘却曲線：forgetting curve

その他の用語

		比較行動学	ethology
☆		可塑性	plasticity
		条件反射	conditioned reflex
☆		生得主義	nativism
☆		連合学習	associative learning
		随伴性	contingency
☆		本能的逸脱	instinctive drift
☆		生物学的制約	biological constraint
		般化勾配	generalization gradient
		般化模倣	generalized imitation
		味覚嫌悪学習	taste aversion learning
		ガルシア効果	Garcia effect
		偶発学習	incidental learning
		潜在学習	latent learning
☆		自己調整	self-regulation
		手段目標分析	means-end analysis
☆		視覚の	visual
		桿体 / 錐体	rods / cone
		明順応 / 暗順応	light adaptation / dark adaptation
		盲点	blind spot
		急速眼球運動	rapid eye movement（REM）
		運動視差	motion parallax
☆		聴覚の	auditory
		音源定位	auditory localization
		遮蔽効果	masking effect
		ファイ現象	phi-phenomenon
		認知資源	cognitive resource
		ボトムアップ / トップダウン処理	bottom-up / top-down processing
		領域普遍性 / 固有性	domain generality / specificity
☆		メンタルモデル	mental model

☆印の単語は，英語で書けるようにしておこう

第3章

Development, Education

発達・教育

•••••▶ 傾向と対策

発達心理学は**大学院入試英語の頻出分野**であり，発達臨床や発達障害など，応用的な領域の基礎をなすため非常に重要となる。近年では高齢化を受けてか，**発達後期に関する英文も増加**している。まずは**認知的発達や社会的発達についての背景知識**を固めた上で英文読解演習を行ってほしい。認知的発達領域では，ピアジェに代表される理論的な内容だけでなく，**研究手法に関する英文の出題歴もある**ため注意したい。社会的発達領域では，愛着理論やエリクソンのアイデンティティ理論などについて，**長文以外の問題形式にも対応**できるようにしておき

たい。そのため，各理論の名称はもちろんのこと，提唱者，キーワードは英語で書けるようにしておこう。

教育心理学に関する英文は**教員養成系大学院や教育学研究科で出題**されており，**内容としては教育全般に関するもの**が多い。そこでまず，教育方法や動機づけ，知能などについて網羅的に理解しておくことが望ましい。

いずれにせよ，どちらも好んで出す大学院は決まっているため，志望校の過去問分析をしっかりと行うと勉強の効率が上がるだろう。

NO	出題頻度	用語	
25	C	成熟優位説	maturation advantage theory
26	A	ピアジェの認知発達論	Piaget 's cognitive developmental theory
27	B	フロイトの性発達段階	Freud 's theory of psychosexual development
28	B	エリクソンのライフサイクル	Erickson 's life cycle
29	C	レジリエンス	resilience
30	C	内言と外言	inner speech and outer speech
31	A	愛着	attachment
32	A	心の理論	theory of mind
33	C	臨界期	critical period
34	B	ピグマリオン効果	Pygmalion 's effect

出題頻度は，長文問題としての出題のされやすさを表します（A＞B＞C）。

3 発達・教育 ▶▶▶ 鉄則4：推測　難易度：★★★

25 成熟優位説

maturation advantage theory

学習・読解のポイント
- □ 各説の名称，提唱者を英語で書けるようにし，内容も確認すること
- □ 「遺伝 vs. 環境」論争は長文頻出テーマである
- ■ 訳がわからない熟語は個々の単語の意味から推測しよう
- ■ 多義語は文脈から最も適切な訳を考えよう

■ 下線部を訳しなさい。

　Within minutes of birth, babies can imitate gross facial expressions of adults, suggesting they enter the world ready for **social interaction** (Meltzoff & Decety, 2003). By two months of age, the average child smiles at the sight of its mother's or father's face. (1) Delighted with this response, parents go to great lengths to encourage it. (2) Indeed, the **infant**'s ability to smile at such an early age may have evolved precisely because it strengthened the parent-child bond. Parents interpret these smiles to mean that the infant recognizes and loves them, and this encourages them to be even more affectionate and stimulating in response. A mutually reinforcing system of social interaction is thus established and maintained.

　(3) Infants all over the world begin to smile at about the same age, suggesting that **maturation** plays an important role in determining the onset of smiling. Blind babies also smile at about the same age as sighted infants, indicating that smiling is an **innate response** (Eibl-Eibesfeldt, 1970).

(*Atkinson & Hilgard's Introduction to Psychology 15th edition*, p.90)

用語Q　Changes that occur according to one's genetically determined biological timetable of development.

解説

(1)「go to great lengths」は「どんなことでもする」という熟語表現。知らなくても，**熟語を構成するそれぞれの単語の意味から推測**可能だろう。そのためにも，「length」という単語が「長さ」だけでなく「程度，範囲」といった意味ももつことを知っておきたい。

(2)「infant」は「乳児，幼児」と様々な年齢層の子どもを表す単語である。そのため，文章でどの年齢層の子どもについて書かれているかに応じて，訳を変える必要がある。

関連用語（まずは*の単語を優先的に理解しよう）

ゲゼル*	Gesell, A. L.
レディネス*	readiness
双生児統制法	co-twin control method
輻輳説	convergence theory
環境閾値説*	environmental threshold theory

(3) 形は分詞構文だが，主語が主節の主語（infants all over the world）に一致していないので注意しよう。「suggesting ～」の主語は，その前の節（Infants～）全体である。したがって，訳でも2文に分け，「これは」という主語を補った。

全訳

出生後数分で，赤ん坊は大人の大まかな顔の表情を模倣することができる。これは，彼らが**社会的相互作用**に対する準備が整った状態で生まれることを示唆している（Meltzoff & Decety, 2003）。生後2ヶ月になるまでに，平均的な乳児は，母親あるいは父親の顔が見えるとほほえむようになる。(1)親はこの反応に喜んで，これを促進するためにはどんなことでもするだろう。(2)実際，こうした早い年齢で**乳児がほほえむことができることは，まさにその能力が親子の絆を強くするがゆえに，進化してきたのかもしれない**。両親は，このほほえみを，乳児が彼らを認識して愛していることを意味するものだと解釈する。このことによって，両親は子どものほほえみに応えていっそう愛情深く，刺激を返すようになる。こうして社会的相互作用の双方向的な強化システムが確立，維持される。

(3)世界中のどの乳児も，ほぼ同じ年齢でほほえみはじめる。これは，ほほえみの開始が決まる上で，**成熟**が重要な役割を果たしていることを示唆している。盲目の赤ん坊も，目の見える乳児と同じくらいの年齢でほほえむようになる。これは，ほほえみが**生得的な反応**であることを示唆している（Eibl-Eibesfeldt, 1970）。

発達において，遺伝的に決められた生物学的タイムテーブルにしたがって生じる変化
成熟：maturation

3 発達・教育 ▶ ▶ ▶ 鉄則6：並列 難易度：★★☆

26 ピアジェの認知発達論
Piaget's cognitive developmental theory

学習・読解のポイント
- □ 4段階の名称，とくに頻出の前操作期については諸概念を確認すること
- □ 三つ山課題など，具体的な実験手続きについても理解しておこう
- ■ 長い文も，並列構造を見抜くことで難易度ダウン

■ 以下の英文を訳しなさい。

By about 1 1/2 to 2 years of age, children have begun to use **symbols**. Words can represent things or groups of things, and one object can represent another. (1) A 3-year-old may treat a stick as a horse and ride it around the room, a block of wood can become a car, and one doll can become a father and another a baby. But although 3- and 4-year-olds can think in symbolic terms, their words and images are not yet organized in a logical manner. During this **preoperational stage** of cognitive development, the child does not yet comprehend certain rules or **operations**. (2) An operation is a mental routine for separating, combining, and otherwise transforming information in a logical manner. For example, if water is poured from a tall, narrow glass into a short, wide one, adults know that the amount of water has not changed because they can reverse the transformation in their minds. They can imagine pouring the water from the short glass back into the tall glass, thereby arriving back at the original state. (3) In the preoperational stage of cognitive development, a child's understanding of **reversibility** and other **mental operations** is absent or weak.

(*Atkinson & Hilgard's Introduction to Psychology 15th edition*, p.78-79)

Piaget's fourth stage of cognitive development in which the child becomes able to use abstract rules.

解説

(1)「**A, B, and C**」を見出そう。ここでは「A 3-year-old〜」，「a block of wood〜」，「one doll〜」の3文が並列。さらにAの中で「treat〜」と「ride〜」が，Cの中で「one doll can become a father」と「another (doll can become) a baby」が並列。正確な構造把握のためにも**省略をしっかり見抜きたい**。

(2)「An operation is a mental routine for **A, B, and otherwise C** information in a logical manner」「操作とは論理的な方法で情報をAやB，Cするための心的手順である」と訳す。

(3) ここでは「reversibility」と「other mental operations〜」が並列関係にある。

関連用語（まずは*の単語を優先的に理解しよう）

ピアジェ*	Piaget, J.
感覚運動期*	sensorimotor stage
前操作期*	preoperational stage
具体的操作期*	concrete operational stage
形式的操作期*	formal operational stage
同化*	assimilation
調節*	accommodation
自己中心性*	egocentrism
アニミズム*	animism
脱中心化*	decentralization
保存*	conservation

動詞が単数形の is であることから，主語はあくまでも「a child's understanding」であるとわかる。

第3章 発達・教育

全訳

およそ1歳半から2歳までに，子どもは**象徴**を使用しはじめる。言葉は事物やその集合を表し，ある物は他の物を表すことができる。(1) 3歳児は，棒を馬のように扱い，それにまたがって部屋中を走り回るかもしれない。木のブロックは車になり，人形はお父さんに，他の人形は赤ちゃんになったりする。しかし，3・4歳児は象徴的な観点で思考することはできても，彼らの言葉や像はいまだ論理的な方法で組織化されていない。認知発達のこの**前操作期**では，3・4歳児は一定の規則や**操作**をまだ理解していないのだ。(2) 操作とは，論理的な方法で情報を分割したり，つなげたり，変形したりする心的な手順である。たとえば，背が高く幅の狭いコップから背が低く幅の広いコップに水を移しても，大人は水の量が変わらないことを理解できる。大人は心的にその変形を元に戻すことができるためである。彼らは，背の低いグラスから背の高いグラスへ水を注ぎ直すことを想像でき，それゆえ，もとの状態へと戻すことができる。(3) 認知発達の前操作期では，**可逆性**や他の**心的操作**に関する子どもの理解は欠如しているか，あっても弱い。

子供が抽象的な規則を使用できるようになる，ピアジェの認知発達の4番目の段階
形式的操作期：formal operational stage

3 発達・教育 ▶ ▶ ▶　鉄則8：助動詞　難易度：★★☆

27 フロイトの性発達段階
Freud's theory of psychosexual development

学習・読解のポイント
- □ 各段階の名称を英語で書けるようにし，特徴も正しく把握しよう
- □ 長文より用語説明問題などで出題可能性が高い
- ■ 助動詞はニュアンスの理解が大切

■ 以下の英文を訳しなさい。

(1) **Freud** believed that special problems at any stage could arrest, or **fixate**, **development** and have a lasting effect on **personality**. (2) The individual's **libido** would remain attached to the activities appropriate for that stage. A person who was weaned very early and did not have enough sucking pleasure might become fixated at the **oral stage**. (3) As an adult, he or she might be excessively dependent on others and overly fond of oral pleasures such as eating, drinking, and smoking. Such a person is said to have an **oral personality**. (4) A person fixated at the **anal stage** of psychosexual development may be abnormally concerned with cleanliness, orderliness, and saving and may tend to resist external pressure. Such a person is said to have an **anal personality.** (5) Inadequate resolution of the **Oedipal conflict** can lead to a weak **sense of morality**, difficulties with authority figures, and many other problems.

(*Atkinson & Hilgard's Introduction to Psychology 15th edition*, p.472)

Instinctual psychic energy that is derived from primitive biological urges (as for sexual pleasure or self-preservation) and that is expressed in conscious activity.

解説

(1) **可能性を表す「could」**。can より控えめで想像的な意味をもち，断定的な印象を和らげる。訳は「～しうる」とした。

(2) **未来を表す「would」**。現在や未来の状況を想像して述べるのに用いる。訳は「～だろう」。

(3) **可能性を表す「might」**。(2) の could とほぼ同じで，may より控えめ。訳は「ひょっとすると～かもしれない」とした。

(4) **可能性を表す「may」**。五分五分以下の予想を示すものである。前文との重複をさけるため「～の可能性がある」と訳した。

(5) **可能性を表す「can」**。長文では「できる」より「～しうる」という意味で用いられることが多い。

※現在・過去の訳し分けは難しいが，ニュアンスを正しく読み取るために必要。過去形（could, would, might）だからといって過去と決めつけないようにしよう。むしろ過去の意味で訳すことはほとんどない。

関連用語（まずは*の単語を優先的に理解しよう）

フロイト*	Freud, S.
リビドー*	libido
固着*	fixation
口唇期*	oral stage
口唇性格*	oral personality
肛門期*	anal stage
肛門性格*	anal personality
男根期*	phallic stage
エディプス・コンプレックス*	Oedipus complex
潜伏期	latency period
性器期	genital stage

全訳

(1) **フロイト**は，あらゆる段階で生じる特別な問題が，人の**成長**を阻み，そして**性格**に永続的な影響を及ぼしうると考えた。(2) 個人のリビドーは，その段階に応じた活動に結びついたままになるだろう。非常に早く離乳して，十分に乳を吸う快楽を得られなかった人は，**口唇期**に固着するかもしれない。(3) 大人になったとき，その人はひょっとすると他者に対して過度に依存的で，飲食や喫煙といった口で得る快楽を過剰に好むようになるかもしれない。そのような人は，**口唇性格**をもつといわれる。(4) 性発達段階の**肛門期**に固着する人は，清潔さや規則正しさ，そして倹約に異常なまでの関心をもち，外的圧力に抵抗する傾向をもつ可能性がある。そのような人は**肛門性格**をもつといわれる。(5) **エディプス葛藤**の解消が不十分だと，乏しい**道徳観**，権威者との関係における困難，その他多くの問題につながりうる。

生物学的な衝動（性的快楽や自己保存）に由来し，意識的な活動の中に表れる，本能的な心的エネルギー
リビドー：libido

28 エリクソンのライフサイクル

3 発達・教育 ▶ ▶ ▶ 鉄則7：対比　難易度：★ ☆ ☆

Erikson's life cycle

学習・読解のポイント
- □ 各段階の名称，発達課題，心理社会的危機は英語で書けるように
- □ 頻出の青年期については内容理解を深めておこう
- ■ 対比関係をつかむことで先を想像し，速読につなげよう

■ 下線部（1）を訳しなさい。
■ 下線部（2）の「differences」とは何における差を表すか答えなさい。

　Adolescents try to synthesize these values and appraisals into a consistent picture. If parents, teachers, and peers project consistent values, the search for identity is easier. (1) <u>In a simple society in which adult models are few and **social roles** are limited, the task of forming an **identity** is relatively easy. In a society as complex as ours, it is a difficult task for many adolescents.</u> They are faced with an almost infinite array of possibilities regarding how to behave and what to do in life. (2) <u>As a result, there are large differences among adolescents in how the development of their identity proceeds.</u> Moreover, any particular adolescent's identity may be at different stages of development in different areas of life (for

発達段階		発達課題 vs 心理社会的危機	
乳児期	Infancy	基本的信頼 vs. 基本的不信	Trust vs. Mistrust
幼児前期	Early childhood	自律性 vs. 恥・疑惑	Autonomy vs. Shame and doubt
幼児後期	Preschool	積極性 vs. 罪悪感	Initiative vs. Guilt
学童期	School age	勤勉性 vs. 劣等感	Industry vs. Inferiority
青年期	Adolescence	自我同一性達成 vs. 自我同一性拡散	Identity vs. Role Confusion
成人期	Young adulthood	親密 vs. 孤立	Intimacy vs. Isolation
中年期	Middle adulthood	生殖 vs. 停滞	Generativity vs. Stagnation
老年期	maturity	統合 vs. 絶望	Ego Integrity vs. Despair

用語Q A situation in which an adolescent doesn't seem to know or what his or her identity is.

解説

(1)「simple society」⇔「complex society」。「easy」⇔「difficult」。こうした反意語に気づけると，後半の**内容を想像しながら読むことができ，速読につながる**。2文を照らし合わせれば，2文目の it が「the task of forming an identity」を指すこともわかり，正確な読みにもつながる。

(2) **解答例** 複雑さが異なる社会に住む青年の間における差。

ここまでの文で，青年のアイデンティ

関連用語 (まずは*の単語を優先的に理解しよう)

エリクソン*	Erikson, E.
マーシャ*	Marcia, J.
ライフサイクル*	life cycle
第二次性徴*	secondary sex characteristic
アイデンティティ*	identity
モラトリアム*	moratorium
アイデンティティ達成*	identity achievement
アイデンティティ拡散*	identity diffusion
早期完了*	foreclosure

ティ形成の容易さについて，単純な社会と複雑な社会が比較されてきた。したがって，訳ではただ単に「青年間」とするが，正確には解答例のように読み取れるとよい。

example, sexual, occupational, and ideological).

(*Atkinson & Hilgard's Introduction to Psychology 15th edition*, p.101)

全訳

青年はこれらの価値や評価を，一貫した像に統合しようとする。両親や教師，友人らが一貫した価値を示してくれる場合，アイデンティティの捜索は簡単である。(1) 成人のモデルが少なく，**社会的役割**も限られているような単純な社会では，**アイデンティティ**の形成という課題は比較的簡単である。我々の社会のように複雑な社会では，それは多くの青年にとって難しい課題である。彼らは，人生においてどのようにふるまい，何をすべきかについて，ほとんど無限の可能性に直面する。(2) 結果，アイデンティティの発達がどのような進行をするかという点において，青年間で大きな差がある。さらに，個々人のアイデンティティは，人生の異なる領域（たとえば，性，職業，そしてイデオロギー）において，異なる発達段階にあることもありうる。

青年が，自分のアイデンティティがわかっていない，あるいは，気にかけていないように見える状況
アイデンティティ拡散：identity diffusion

3 発達・教育

29 レジリエンス

resilience

学習のポイント
- ☐ メンタルヘルスや精神障害とからめて出題可能性あり
- ☐ 用語説明問題にも対応できるようにしておこう
- ☐ 「抵抗力」「回復力」などと訳されたりもするため注意

- The ability to avoid negative outcomes despite being at risk for psychopathology.
  精神病を患う危険があるような状況で悪い結果を避ける力 【レジリエンス】
- The inability to withstand the effects of a hostile environment.
  好ましくない環境から受ける影響に，抵抗する力のないこと 【脆弱性】
- A factor that prevents or reduces vulnerability for the development of a disorder.
  病の発症を妨げたり病に対する脆弱性を減じたりする要因 【保護因子】
- A factor associated with an increased risk of disease or infection.
  病気や感染症のリスク増大と関連する要因 【危険因子】

関連用語をおさえよう
まずは☆の単語を優先的に理解しよう。

☆	ラター	Rutter, M.
	保護因子	protective factor
	危険因子	risk factor
	脆弱性	vulnerability
	自尊感情	self-esteem
	楽観主義	optimism
	忍耐力	patience
	ポジティブ心理学	positive psychology

用語Q: A form of speech that is observed typically in young children and involves them using speech without addressing anyone in particular.

102

3 発達・教育

30 内言と外言

inner speech and outer speech

学習のポイント
- [ ] ピアジェとのとらえ方の違いを理解しておこう
- [ ] サピア＝ウォーフ仮説について，説明できるようにしよう

- A form of internalized, self-directed dialogue: talking to oneself in silence.
  内面化され，自分自身に向けられた発話形式（静かな独り言） 【 内 言 】
- A social language used for communicating with others.
  他者とのコミュニケーションに用いられる社会的言語 【 外 言 】
- A hypothesis holding that the structure of a language affects the perceptions of reality of its speakers and thus influences their thought patterns and worldviews.
  言語の構造が話し手の現実の知覚に影響を与え，それゆえ彼らの思考パターンや世界観へも影響するという仮説 【サピア＝ウォーフ仮説】
- Becoming capable of considering multiple aspects of an object or a situation at the same time and adopting a perspective that is not one's own.
  物や状況がもつ複数の側面を同時に考慮したり，自分以外の人の見解を理解したりできるようになること 【 脱中心化 】

関連用語をおさえよう

まずは☆の単語を優先的に理解しよう。

☆	ヴィゴツキー	Vygotsky
☆	ピアジェ	Piaget
☆	自己中心語	egocentric speech
☆	脱中心化	decentralization
☆	サピア＝ウォーフ仮説 （言語相対性理論）	Sapir-Whorf hypothesis (Theory of linguistic relativity)

用語 幼い子どもに見られる，特定の他者に向けられていない発話形式
自己中心語：egocentric speech

103

3 発達・教育 ▶ ▶ ▶ 鉄則9：表現 難易度：★★☆

31 愛着

attachment

学習・読解のポイント
- □ 愛着研究に関するキーワードはすべて英語で書けるように
- □ 有名な実験については，手続きや結果を理解しておこう
- ■ 熟語や頻出表現の知識を活かして訳そう

■ 以下の英文を訳しなさい。

　A baby's **attachment** classification remains quite stable when retested several years later – unless the family experiences major changes in life circumstances (Main & Cassidy, 1988; Thompson, Lamb, & Estes, 1982). (1) Stressful life changes are likely to affect parental **responsiveness** to the baby, which, in turn, affects the baby's feelings of security.

　(2) Early attachment patterns also appear to be related to how children cope with new experiences. In one study, 2-year-olds were given a series of problems requiring the use of tools. (3) Some of the problems were within the child's capacity; others were quite difficult. Children who had been rated as **securely attached** at 12 months approached the problems with enthusiasm and persistence. When they encountered difficulties, they seldom cried or became angry. Rather, they sought help from adults. Children who had earlier been rated as insecurely attached behaved quite differently. (4) They easily became frustrated and angry, seldom asked for help, tended to ignore or reject directions from adults, and quickly gave up trying to solve the problems (Matas, Arend, & Sroufe, 1978).

（*Atkinson & Hilgard's Introduction to Psychology 15th edition*, p.93）

An infant's tendency to seek closeness to particular people and to feel more secure in their presence.

解説

(1)「**be likely to 〜**（〜しそう，〜のおそれがある）」。「**in turn**（今度は，順に）」。このように長めの文は，わかりやすさを優先して2文に分けてもよい。

(2)「**appear to be 〜**（〜のように見える，思われる）」。「**relate to 〜**（〜に関わる）」。「**how S V**（SがどのようにVするか）」。「**cope with 〜**（対処する）」。

(3)「**Some〜; others …**」の表現。決して直訳をせずに，「〜もあれば…もある」と対比的に訳そう。

関連用語 (まずは*の単語を優先的に理解しよう)

ボウルビィ*	Bowlby, J.
エインズワース*	Ainsworth
施設症*	hospitalism
母性剥奪*	maternal deprivation
安全基地*	secure base
内的作業モデル*	internal working model
ストレンジシチュエーション法*	strange situation
安定型*	secure type
回避型*	avoidant type
アンビバレント型*	ambivalent type

(4)「**seldom 〜**（ほとんど〜ない，めったに〜ない）」。「**tend to 〜**（〜する傾向がある）」。「**give up 〜ing**（〜するのを諦める）」。

全訳

乳児の**愛着**の分類は，数年後に再テストされた際にも，非常に安定したままである（家族が生活環境に大きな変化を経験しない限り）(Main & Cassidy, 1988; Thompson, Lamb, & Estes, 1982)。(1) ストレスのかかる生活の変化は，親の乳児に対する**敏感性**に影響するおそれがある。そして今度はそれが乳児の安心感に影響を及ぼす。(2) 初期の愛着パターンは，子どもが新しい経験にどのように対処するかにも関連すると思われる。ある研究において，2歳児に道具の使用を求める一連の課題が与えられた。(3) 子どもの能力内で解決可能な課題もあれば，とても難しいものもあった。12カ月のときに**安定型**の**愛着**が形成されていると評価された子どもは，熱中して，根気よくその課題に取り組んだ。困難に直面しても，彼らはほとんど泣いたり怒ったりしなかった。むしろ，彼らは大人に助けを求めた。初期に不安定な愛着パターンをもつと評価された子どもたちは，全く異なるふるまいをした。(4) 彼らは簡単にイライラして怒り出し，ほとんど助けを求めず，大人からの指示を無視したり拒んだりする傾向があり，その課題を解決しようと試みることをすぐに諦めてしまったのだ (Matas, Arend, & Sroufe, 1978)。

特定の相手に対する近接を求め，その相手がいるときに安全だと感じる乳児の傾向
愛着：attachment

32 心の理論

theory of mind

学習・読解のポイント
- □ 有名な実験について，手続きと結果を理解しておくこと
- □ 自閉症との関連で出題されることが多いため関連づけておこう
- ■ 文章の構成を表す数字情報に注目

■ 以下に述べられている心の理論の発達過程について，150字程度で述べなさい。

In recent years, **psychologists** have become interested in how **metacognition**, or more generally an individual's **theory of mind**, develops. These researchers have studied children's knowledge about basic mental states, such as **desires, percepts, beliefs, knowledge, thoughts, intentions,** and **feeling**. (中略)

How does this understanding develop? Bartsch and Wellman (1995) argue that the developmental sequence has three steps. First, about age 2, children have an elementary **conception** of simple desires, **emotions**, and **perceptual experiences**. They understand that people can have wants and fears, and can see and feel things, but they do not understand that people mentally **represent** both objects and their own desires and beliefs. Second, at about age 3, children begin to talk about beliefs and thoughts as well as desires, and they seem to understand that beliefs can be false as well as true and can differ from one person to another. Yet, they still continue to explain their own actions and others' actions by appealing to desires rather than beliefs. Finally, at about age 4, children begin to understand that people's thoughts and beliefs that simply do not reflect reality.

(*Atkinson & Hilgard's Introduction to Psychology 15th edition*, p.85)

The child's understanding of basic mental states, such as desires, percepts, beliefs, knowledge, thoughts, intentions, and feelings.

解説

冒頭から突然読みはじめるのではなく，**まず文章全体の流れを確認**すること。そのために，**段落の要点を把握**しよう。要点は大概段落の最初，あるいは最後の一文に述べられている。見てみると，2段落目が発達段階に関する話であるとすぐにわかるだろう。2段落目の構成は単純である。「…three steps. First, 〜. Second, 〜. Finally, 〜 .」という流れを確認しまとめに入ろう。

解答例 まず2歳頃，子どもは人が願望，情動，知覚をもちうることを理解できるようになる。3歳頃になると，信念や思考についても言及しはじめ，それらに誤りが存在することを理解したり，人と人を区別したりできるようになる。そして4歳頃，人々の信念や思考が，単に現実を反映させたものではないことを理解するようになる。(147字)

関連用語 (まずは*の単語を優先的に理解しよう)

自己中心性*	egocentrism
アニミズム*	animism
三つ山課題*	three mountain problem
誤信念課題*	false belief task
自閉症*	autism
サリーとアンの課題*	Sally-Anne task

全訳

近年，**心理学者はメタ認知**，あるいはより一般的には個人の**心の理論**とよばれるものがどのように発達するかについて関心をもつようになった。これらの研究者は，**願望，知覚，信念，知識，思考，意図**，そして**感情**といった基本的な心的状態に対する子どもたちの知識について研究している。(中略)

この理解はどのように発達するのであろうか？ Bartsch and Wellman (1995) はその発達の過程には3ステップあると主張している。まず，だいたい2歳頃，子どもは単純な願望，**情動**，そして**知覚的経験**についての基本的な**概念**をもつようになる。彼らは人々が願望や恐れをもち，ものを見たり感じたりできると理解するが，人々が対象や自身の願望，信念を心的に**表象**することを理解できない。第二に，3歳頃，子どもたちは願望についてだけでなく，信念や思考について言及しはじめる。そして，彼らは信念が常に正しいわけではなく誤りのときもありうることを理解し，ある人を他者と区別できるようになると思われる。しかし，彼らはまだ自分自身や他者の行動について，信念よりも願望に訴える説明をし続ける。最終的に4歳頃，子どもたちは，まったく現実を反映しない人々の思考や信念を理解しはじめるのだ。

欲求や知覚，信念，知識，思考，意図，感情などの基本的な心的状態に関する子どもの理解
心の理論：theory of mind

3 発達・教育

臨界期

critical period

学習のポイント
- □ 臨界期と敏感期の違いをおさえておこう
- □ それぞれ具体例とともに理解しておくこと
- □ 可塑性についても過去に出題歴あり

■ Crucial time periods in a person's life during which specific events occur if development is to proceed normally.
発達が正常に進行している場合、特定の出来事が生じる人生の重要な時限
【 臨界期 】

■ A remarkable phenomenon that the newborn creature bonds to animals it meets at birth and begins to pattern its behavior after them.
生まれたての生き物が、誕生の瞬間に目にした動物にくっつき、その動作を真似しはじめるという驚くべき現象
【 刻印づけ 】

■ The capacity of the nervous system to change its structure and its function over a lifetime, in reaction to environmental diversity.
環境の多様性に応じて、神経系がその構造や機能を終生変えることができる能力
【 可塑性 】

関連用語をおさえよう

まずは☆の単語を優先的に理解しよう。

☆	ローレンツ	Lorenz, K.
☆	刻印づけ	imprinting
☆	初期経験	early experience
☆	可塑性	plasticity
	言語獲得	language acquisition
☆	敏感期	sensitive period

The process by which one's expectations about a person eventually lead that person to behave in ways that confirm those expectations.

3 発達・教育

34 ピグマリオン効果

Pygmalion effect

学習のポイント
- □ 用語説明ができるようにしておこう
- □ 類似概念と英語の訳し分けができるようにしておこう

■ The phenomenon in which the greater the expectation placed upon people, the better they perform.
期待されればされるほど，成績が良くなるという現象　【ピグマリオン効果】

■ The transfer of goodwill or positive feelings about one characteristic of a product or person to another, possibly unrelated, characteristics.
製品や人のある1つの特性に対する好意や肯定的な感情が，別の，おそらくあまり関係のない特性にも転移すること　【光背効果】

■ The phenomenon in experimental science by which the outcome of an experiment tends to be biased toward a result expected by the human experimenter.
実験者が期待した方向に結果が歪む傾向にあるという，実験科学における現象　【実験者効果】

■ A tendency to acquire and process information by filtering it through one's own likes, dislikes, and experiences.
個人の好き嫌いや経験というフィルターを通して情報を獲得したり処理したりする傾向　【認知バイアス】

関連用語をおさえよう

まずは☆の単語を優先的に理解しよう。

☆	ローゼンタール	Rosenthal, R.
☆	光背効果	halo effect
	認知バイアス	cognitive bias
☆	実験者効果	experimenter bias
☆	自己成就的予言	self-fulfilling prophecy

人がある人に対してもつ期待によって，その人がその期待を確証するようなふるまいをするようになるプロセス
自己成就的予言：self-fulfilling prophecy

109

その他の用語

☆	遺伝の	genetic
☆	生得的な	innate
☆	原始反射	primitive reflex
	モロー反射	Moro reflex
	バビンスキー反射	Babinski reflex
	喃語	babbling
	生成文法	generative grammar
	普遍文法	universal grammar
	言語獲得装置	language acquisition device（LAD）
	胎児期	fetal period
☆	思春期	puberty
	生殖性	reproductive
	探索行動	exploratory behavior
	親密さ	intimacy
	養育者	caregiver
	絆	bond
☆	分離不安	separation anxiety
☆	移行対象	transitional object
	自主性	initiative
☆	自律	autonomy
	教育学	pedagogy
	制御	regulate
	水路づけ	canalization
☆	発達の最近接領域（ZPD）	zone of proximal development
	足場かけ	scaffolding
	正統的周辺参加	legitimate peripheral participation
☆	素朴理論	naive theory
☆	批判的思考	critical thinking
	道徳的判断	moral judgment
	情報処理能力	information processing skills

☆印の単語は，英語で書けるようにしておこう

110

第4章

Society, Feelings, Character

社会・感情・性格

●●●●●▶ 傾向と対策

　　社会心理学には有名な実験や重要な概念が多く，英文としても好んで出題する大学院がある。過去問分析をした上で，必要であれば社会心理学のテキストを用いて体系的な学習を進めてほしい。たとえばこれまでに，「社会的手抜き，社会的促進」に関する英文（平成20年東京学芸大学），「アッシュの同調実験」に関する英文（平成21年東京国際大学）などが出題されている。その他にも，「認知的不協和」，「原因帰属」，「自己開示，自己呈示」，「ステレオタイプ」などが重要な

トピックとしてあげられる。

　　情動については，その生起過程に関する英文がほとんどである。情動と認知の関係をめぐる論争など，単なる知識以上の理解を必要とする出題もあるため，しっかりと対策しておきたい。

　　性格については，それ自体が長文として出題されることは少ない。しかし，各種心理テストの基礎を成す理論として，その内容をおさえておくことは必須である。**用語説明問題用の対策を，十分にしておいてほしい。**

NO	出題頻度	用語	
35	A	帰属	attribution
36	B	認知的不協和理論	cognitive dissonance theory
37	B	説得	persuasion
38	A	印象形成	impression formation
39	B	葛藤	conflict
40	C	ジェームズ=ランゲ説	James-Lange Theory
41	B	情動の2要因説	two-factor theory of emotion
42	A	内発的・外発的動機づけ	intrinsic / extrinsic motivation
43	B	欲求階層説	hierarchy of needs theory
44	C	性格類型論	personality typology
45	C	性格特性論	personality trait theory

出題頻度は，長文問題としての出題のされやすさを表します（A＞B＞C）。

4 社会・感情・性格 ▶ ▶ ▶　鉄則9：表現　難易度：★★☆

35 帰属

attribution

学習・読解のポイント
- □ 教育心理学の領域でも頻出のワード。意味を正しく理解しよう
- □ 基本的な帰属の誤りについても出題歴がある
- ■ 熟語や慣用表現，分詞構文の知識を活用して解答してみよう

■ 下線部を訳しなさい。

(1) Fritz Heider, the founder of **attribution theory**, noted that an individual's behavior is so compelling to us that we take it as a face-value representation of a person and give insufficient weight to the circumstances surrounding it (1958). Research has confirmed Heider's observation. (2) We underestimate the situational causes of behavior, jumping too easily to conclusions about the person's disposition. (中略)

Formally stated, the **fundamental attribution error** occurs when we underestimate the situational influences on behavior and assume that some personal characteristic of the individual is responsible (Ross, 1977).

In the classic early studies that revealed this bias, **participants** read a debater's speech that either supported or attacked Cuban leader Fidel Castro. The participants were explicitly told that the debate coach had assigned each debater one side of the issue or the other; the debater had no choice as to which side to argue. Despite this knowledge, when asked to estimate the debater's actual attitude toward Castro, participants inferred a position close to the one argued in the debate. (3) In other words, the participants made a **dispositional attribution**, even though situational forces were fully sufficient to account for the behavior (Jones & Harris, 1967).

(*Atkinson & Hilgard's Introduction to Psychology 15th edition*, p.659)

An inference about the cause of one's own or another's behavior.

解説

(1) 中心となる構造は「主語 noted that ~」で「主語は~に気づいた」。この that 節の中に「so ~ that …」の構文があるが「とても~なので…」の訳に当てはめればよい。さらに that 以降では「take」と「give」が並列になっている。なお「give weight to ~」は「~に重きを置く」と訳す。

(2)「jumping ~」は元々「and we jump ~」であったと考えられる分詞構文。「jump to ~」で「急に至る」。その前にある「too (あまりに)」を「too ~ to …(~すぎて…できない)」構文と見間違わないように注意しよう。この場合は「to」の後に動詞の原形が置かれるはずである。

(3)「in other words」は「言い換えれば」。「even though」は「たとえ~としても」。「account for ~」で「説明する」。

関連用語 (まずは*の単語を優先的に理解しよう)

ハイダー*	Heider, F.
ロッター	Rotter, J.
内的帰属*	internal attribution
外的帰属*	external attribution
統制感	perceived control
統制の所在	locus of control
帰属のバイアス	attribution bias
行為者・観察者バイアス*	actor-observer bias

全訳

(1) 帰属理論の提唱者であるフリッツ・ハイダーは，人の行動というものがあまりに抗しがたいものであるため，我々がそれを額面通りに人の表現と受け止め，それを取り巻く状況に十分な重きを置かないことに気づいた(1958)。このハイダーの意見は研究により裏づけられている。(2) 我々は，行動の状況的原因を過小評価し，その人の性質についていとも簡単に結論に至ってしまう。(中略)

正式にいうと，**基本的な帰属の誤り**は，行動に対する状況の影響を過小評価し，その人の個人的な特性に責任があると仮定したときに生じる(Ross, 1977)。

このバイアスを明らかにした権威ある初期の研究において，**参加者**は，キューバのリーダーであるカストロを支持する，あるいは非難する討論者のスピーチを読んだ。参加者たちは，議論の指導者がそれぞれの討論者を一方の立場に配置した(つまり，討論者はどちらの立場で議論するか選択できなかった)ことをはっきりと伝えられた。これを知っていたにもかかわらず，討論者のカストロに対する実際の立場について尋ねられると，参加者は議論の中で主張したのに近い立場を推論した。(3) 言い換えると，その行動が完全に状況的な力によって説明できるにもかかわらず，参加者は**属性に帰属**したということだ(Jones & Harris, 1967)。

用語 A
自分自身，あるいは他者の行動の原因に関する推論
帰属：attribution

第4章 社会・感情・性格

4 社会・感情・性格

36 認知的不協和理論

cognitive dissonance theory

学習のポイント
- [ ] とにかく理論の内容を理解し，英文でも読めるようにしておくこと
- [ ] 自分自身の例を考えてみるとよい

■ When someone is forced to do something they don't want to do, dissonance is created between their cognition and their behavior. Forced compliance occurs when an individual performs an action that is inconsistent with his or her beliefs. The behavior can't be changed, since it is already in the past, so dissonance will need to be reduced by re-evaluating their attitude to what they have done.

したくないことをさせられると，認知と行動の間に不協和が発生する。自分自身の信念と矛盾する行動をとったとき，無理な受け入れが生じる。すでにしてしまった行動は変えられないため，してしまったことへの態度を再評価することによって，不協和を低減させる必要がある。　【認知的不協和理論】

■ The theory stating that when tensions arise between or inside people, they attempt to reduce these tensions through self-persuasion or trying to persuade others.

個人間，あるいはグループ内で緊張が生じると，人は自己説得や他者への説得を通してその緊張の低減を試みるとする理論　【バランス理論】

関連用語をおさえよう
まずは☆の単語を優先的に理解しよう。

☆	フェスティンガー	Festinger, L.
☆	ハイダー	Heider, F.
☆	バランス理論	balance theory
	合理化	rationalization
	不十分な正当化	insufficient justification

A force aroused by threats to a person's freedom.

4 社会・感情・性格

37 説得

persuasion

学習のポイント
- 説得の手法，関連用語について，例とともに理解しておこう
- カタカナ訳でよいものに，無理な日本語訳をつけないように

■ An active method of influence that attempts to guide people toward the adoption of an attitude, idea, or behavior by rational or emotive means.
合理的，あるいは感情的な手法で，人がある態度や考え，行動をとるように導こうとする積極的な方法　　　　　　　　　　　　　【　説　得　】

■ Method of getting an individual to agree to something by first asking them for a smaller request.
まずは小さな要求からしていくことで，本来の要求を承諾させる方法
【フットインザドア法】

■ Method of getting an individual to agree to something by prefacing the real request with one that is so large that it is rejected.
大きすぎて拒まれるような要求を先にすることによって，本来の要求を承諾させる方法　　　　　　　　　　　　　　【ドアインザフェイス法】

■ A delayed increase in the impact of a persuasive message from a source of low credibility.
信憑性の低い情報源からの説得的なメッセージが，遅れてその影響を増すこと　　　　　　　　　　　　　　　　　　　　　　　【スリーパー効果】

関連用語をおさえよう
まずは☆の単語を優先的に理解しよう。

☆	ホウランド	Hovland, C. I.
☆	フットインザドア法	foot-in-the-door technique
☆	ドアインザフェイス法	door-in-the-face technique
☆	スリーパー効果	sleeper effect
☆	心理的リアクタンス	psychological reactance
	ブーメラン効果	boomerang effect

用語A 自由が脅かされることで生じる力
心理的リアクタンス：psychological reactance

115

4 社会・感情・性格 ▶▶▶ 鉄則3：流れ　難易度：★★★

38 印象形成

impression formation

学習・読解のポイント
- □ ステレオタイプに関する英文はとくに頻出
- □ 英語の実験論文も出題歴あり。有名な実験は内容をおさえておこう
- ■ 論文の流れ（目的，方法，結果，考察）を追いながら読み進めること

■ 以下の研究の概要を150字程度でまとめなさい。

　A study of the **stereotypes** people hold about the elderly in the US (for example, that they are slow and weak) provided a striking demonstration of how cues from the **environment** can influence our behavior without our **conscious** knowledge. **Participants** were first given a 'language test' in which they had to decipher a number of scrambled sentences. Some participants were given sentences that contained words such as forgetful, Florida, and bingo – words that the **researchers** believed would subconsciously evoke or '**prime**' the elderly stereotype in their minds. **Control participants** saw sentences that did not contain these words. After the language test was completed, each participant was thanked and allowed to leave. A research assistant – who did not know whether the participant was in the **experimental group** or the **control group** – surreptitiously measured how long it took the participant to walk down the 40-foot hallway to the exit. The researchers found that participants who had been primed with the elderly stereotype words walked more slowly than control participants.

(*Atkinson & Hilgard's Introduction to Psychology 15th edition*, p.204)

The process of integrating information about a person to form a coherent impression.

解説

本文3行目，how 以降が**目的**にふれるところである。4行目から**方法**，14行目から**結果**が述べられている。キーワードの見つけ方及びまとめ方の詳細は第1部第4章を参照のこと。

解答例 本研究では，ステレオタイプが無意識下でどのように行動へ影響を及ぼすかを検証した。言語テストによって老人ステレオタイプを喚起された実験群の参加者は，されなかった統制群の参加者と比べ，帰りの廊下をゆっくりと歩くことが示された。なお，測定をした研究のアシスタントは，どの人物が実験群で，どの人物が統制群か一切聞かされていない。（160字）

関連用語（まずは*の単語を優先的に理解しよう）

アッシュ*	Asch, S. E.
中心特性*	central trait
周辺特性*	peripheral trait
ステレオタイプ*	stereotype
内集団バイアス*	in-group favoritism
寛大効果	leniency effect
光背効果*	halo effect
暗黙の人格論	implicit personality theory

全訳

アメリカで行われた，人が老人に対していだく**ステレオタイプ**（たとえば遅い，弱いなど）についての研究により，**環境**からの刺激が**意識**されることなく我々の行動にいかに影響しうるかについて，驚くような証拠が提供された。**参加者**はまず，「言語テスト」を与えられ，そこでごちゃ混ぜにされた多くの文を意味の通るように読み解かなくてはならなかった。ある参加者は「忘れっぽい」「フロリダ」「ビンゴ」といった単語（参加者の心において意識下で老人のステレオタイプを喚起する，すなわち「**プライム**」するだろうと**研究者**が考えた単語）を含む文を与えられた。**統制群の参加者**はこれらの単語を含まない文を見た。言語テストが終了した後，それぞれの参加者にお礼をし，帰宅してもらった。参加者が40フィートの廊下を出口まで歩いていくのにどれだけ時間がかかるかを，研究のアシスタント（その参加者が**実験群**の参加者なのか**統制群**の参加者なのかを知らなかった）がこっそりと測定した。この研究者たちは，老人のステレオタイプの単語をプライムされた参加者は統制群の参加者に比べ，歩く速度がゆっくりであることを見出した。

一貫した印象を形成するために，ある人についての情報を統合する過程
印象形成：impression formation

4 社会・感情・性格

39 葛藤

conflict

学習のポイント
- [ ] 3種類の葛藤について，身近な例を考えてみよう
- [ ] 傍観者効果に関する用語もおさえておくこと

- A perceived incompatibility of actions or goals.
  知覚された，行動や目標の両立し難さ　　　　　　　　　　【　葛　藤　】
- A social phenomenon in which a person are less likely to offer help to another person (or persons) when there are more people around who can also provide assistance.
  他にも援助を提供できる人が周りにいる場合，人は他者に援助を提供しない傾向があるという社会的現象　　　　　　　　　　　【傍観者効果】
- Characteristic of the personality to feel uncomfortable when successful in competitive situations, which is acquired early in life in conjunction with sex-role standards.
  性役割の基準と併せて人生の初期に獲得される，競争的な状況で成功することに心地悪さを感じる性格特性　　　　　　　　　　【成功回避動機】

関連用語をおさえよう

まずは☆の単語を優先的に理解しよう。

☆	レヴィン	Lewin, K.
	ホーナー	Horner, M.S.
☆	接近―接近型葛藤	approach-approach conflict
☆	回避―回避型葛藤	avoidance-avoidance conflict
☆	接近―回避型葛藤	approach-avoidance conflict
☆	成功回避動機	motive to avoid success
☆	場理論	field theory
	集合的無知	pluralistic ignorance
	責任の拡散	responsibility diffusion
☆	傍観者効果	bystander effect

A phenomenon that prevents people questioning when they fail to understand something or disagree with an issue, but feel that they are the only ones doing so.

40 ジェームズ＝ランゲ説

James-Lange theory

4 社会・感情・性格

学習のポイント
- □「泣くから悲しい」vs.「悲しいから泣く」
- □ 情動とは何か，その特徴を気分との比較で理解しておこう

■ The theory stating that the stimulus first leads to bodily responses, and then the awareness of these responses constitutes the experience of emotion.
刺激はまず身体への反応を引き起こし，次にそれらの反応を認識することによって情動経験が構成されるという説　　　　　　　　　【ジェームズ＝ランゲ説】

■ The theory stating that physiological arousal and emotion happen at the same time following an emotion-evoking event.
生理的覚醒と情動は，情動を喚起する出来事後に同時に生じるとする説
【キャノン＝バード説】

1. Mood is something a person may not express, whereas emotions may be expressed.　気分は表現できないが情動はできる
2. Mood may last for a long period, whereas emotions may last only for the time being.　情動は長続きしないが気分は長く続く
3. Emotions are aroused in people by some specific objects or situations, whereas moods are not created in someone because of any specific object or any particular situation.　情動は特定の対象や状況によって引き起こされる一方，気分は特定の対象や状況によって生じるものではない
4. When compared to moods, emotions are more extreme.　気分と比較すると，情動はより激しい

関連用語をおさえよう
まずは☆の単語を優先的に理解しよう。

☆	キャノン＝バード説	Cannon-Bard Theory
☆	情動	emotion
☆	気分	mood

用語A　ある問題に対して理解できなかったり反対であったりする場合，そう考えるのは自分ひとりだと感じ，疑問に思わなくなってしまう現象　　　集合的無知：pluralistic ignorance

119

4 社会・感情・性格 ▶▶▶ 鉄則7：対比　難易度：★☆☆

41 情動の2要因説

two-factor theory of emotion

学習・読解のポイント
- ☐ ジェームズ＝ランゲ説，キャノン＝バード説に続く第3の説
- ☐ シャクターとシンガーの実験を例に理解しておこう
- ■ 対比を表す表現や接続詞に注目して訳そう

■ 下線部を訳しなさい。

　Participants in **Schachter** and **Singer**'s **study** were given an injection of epinephrine, which typically causes autonomic **arousal**. （中略）(1) Some participants were correctly informed about the arousal consequences of the drug, but others were given no information about the drug's physiological effects. (2) The informed participants therefore had an explanation for their **sensations**, whereas the uninformed participants did not. Schachter and Singer predicted that how the uninformed participants interpreted their symptoms would depend on the situation in which they were placed. Participants were left in a waiting room with another person, ostensibly another participant but actually a confederate of the experimenter. The confederate created either a happy situation (by making paper airplanes, and so on) or an angry situation (by complaining about the **experiment** and so on). (3) The uninformed participants placed in the happy situation rated their feelings as happier than did the informed participants in that same situation. Although the **data** were less clear for the angry situation, Schachter and Singer claimed that the uninformed participants were angrier than the informed participants.

　　　　（*Atkinson & Hilgard's Introduction to Psychology 15th edition*, p.398-399）

A theory that the experience of emotion is based on two factors: physiological arousal and a cognitive interpretation of that arousal.

120

解説

〈実験の群設定をとらえよう〉

	情報○	情報×
楽しい状況	4群で比較	
腹立つ状況		

(1)「Some〜, but others …」という形の対比表現。「〜の参加者もいれば…の参加者もいた」。

(2)「〜, whereas …」は「〜であるのに対し…」。「informed participants」と「uninformed participants」が対比されている。文末の「did not」の後に「(have an explanation for their sensations)」が省略されている。**省略内容を反映させた訳**にしよう。

関連用語 (まずは*の単語を優先的に理解しよう)

シャクター*	Schachter, S.
シンガー*	Singer, J.
生理的喚起	physiological arousal
認知的解釈	cognitive construal
吊り橋効果	suspension bridge effect
ロミオとジュリエット効果	Romeo and Juliet effect
帰属錯誤*	attribution error

(3)「The uninformed participants placed in the happy situation」と「the informed participants in that same situation」が対比されている。後者では主語が長いため、**倒置が起きている**。ちなみに「did」は「rated」を言い換えたもの。

全訳

シャクターとシンガーの実験参加者はエピネフリンを投与された。エピネフリンは通常、自律神経の**覚醒**を招く。(中略)(1)何人かの参加者は投与が覚醒を招くことについて正確に伝えられたが、他の参加者はその薬の身体的な影響について何も伝えられなかった。(2)それゆえ、情報を与えられた参加者は自分の**感覚**に対する説明を受けたのに対し、情報を与えられなかった参加者はそうした説明を受けなかった。シャクターとシンガーは、情報を与えられなかった参加者がどのように自分の症状を解釈するかは、彼らが置かれた状況に左右されるだろうと予測した。参加者は、見かけ上は別の参加者だが実は共同実験者である別の人間と待合室に残された。共同実験者は楽しい状況（紙飛行機を作るなどして）か腹立たしい状況（**実験**について文句を言うなどして）を作り出した。(3)楽しい状況に置かれ、情報を与えられなかった参加者は、同じ状況にいる情報を与えられた参加者に比べ、自分の感情をより楽しいものと評定した。腹立たしい状況下で得られた**データ**はそれほど明確ではないものの、シャクターとシンガーは、情報を与えられなかった参加者は与えられた参加者に比べ、より腹を立てていたと主張した。

情動の経験は、生理的喚起とその喚起に対する認知的解釈の2要因に基づくとする理論

情動の2要因説：two-factor theory of emotion

4 社会・感情・性格 ▶▶▶ 鉄則6：並列　難易度：★★☆

42 内発的・外発的動機づけ

intrinsic / extrinsic motivation

学習・読解のポイント
- ☐ 動機づけは領域を問わず出題可能性のある重要概念
- ☐ 動機づけに関する諸理論についても知っておきたい
- ■ 接続詞による並列だけでなく，並列を表す表現も見つけ出そう

■ 下線部を訳しなさい。

　Ask yourself why you are studying this chapter, right now. (1) Is it because you are interested in the material, and comprehending it gives you a **sense of competence** and pride? If so, you are **intrinsically motivated** by these feelings. (2) Or perhaps you are studying because you think it is necessary in order to do well on your exam and get a good grade in your course. If that is the case, you are **extrinsically motivated** by the **external rewards** that you anticipate.

　(3) Research has shown that intrinsically motivated individuals are more persistent at a task, that their memory of complex **concepts** is better, and that they handle complex material in cognitively more creative ways (Deci, Ryan, & Koestner, 1999). (4) This suggests that studying is not only more fun, but also more effective when you are intrinsically motivated. According to some **researchers**, the **attribution** of **motives** to intrinsic causes results in a feeling that one is in control of one's own actions, that one is **self-determined** (Deci, & Ryan, 1985).

(*Atkinson & Hilgard's Introduction to Psychology 15th edition*, p.263-266)

Motivation that derives from internal factors, such as feeling satisfaction, pride, and competence.

解説

(1)「Is it because ～, and …」で,「それは～,そして…だからだろうか?」。つまり「you ～」と「comprehending～」が並列になっている。動名詞の「comprehending」を「理解すること」という主語として訳せれば文と文が「and」で結ばれていることに気づけただろう。

(2)「in order to ～ and …」で,「～,そして…のために」。つまり「do ～」と「get ～」が並列になっている。**「and」が同形同類を結ぶ接続詞**であることと, 意味の点からこの並列をとらえることができる。

関連用語 (まずは*の単語を優先的に理解しよう)

エンハンシング効果*	enhancing effect
アンダーマイニング効果*	undermining effect
達成動機*	achievement motivation
親和動機*	affiliation motive

(3)「Research has shown ①, ②, and ③」の形。①～③それぞれがthat節になっている。「研究が①, ②, ③を示している」となるので, これを意訳して「研究により①, ②, ③が示されている」とした。

(4)「**not only ～, but also …**」で「～だけでなく…も」。これも並列表現の1つである。

全訳

今, なぜこの章を学んでいるか自分自身に尋ねてみなさい。(1) その理由は, 内容に関心があるからとか, 内容を理解することによって**有能感や誇りを感じられる**からといったことだろうか? もしそうだとしたら, あなたはこれらの感情によって**内発的に動機づけられている**。(2) あるいはひょっとすると, 試験でうまくやって, その課程でよい成績をとるためにあなたは勉強しているのかもしれない。この場合には, あなたは期待される**外的報酬**によって**外発的に動機づけられている**。

(3) 研究により, 内発的に動機づけられた人は, 課題により根気強く取り組み, 複雑な**概念**に関する記憶がよく, また複雑な事柄を認知的により創造的な方法で処理することが示されている (Deci, Ryan, & Koestner, 1999)。(4) これは, 内発的に動機づけられた場合, 勉強することがより面白いだけでなく, より効果的であることを示唆している。一部の**研究者**によれば, 内発的な原因に**動機**を**帰属**することは, 自分自身の行動をコントロールしているという感覚, つまり**自己決定感**をもたらす (Deci, & Ryan, 1985)。

満足感や誇り, 有能感などの内的な要因から引き起こされる動機づけ

内発的動機づけ:intrinsic motivation

4 社会・感情・性格 ▶▶▶ 鉄則9：表現　難易度：★★☆

43 欲求階層説

hierarchy of needs theory

学習・読解のポイント
- □ 5段階の欲求はすべて覚えておきたい
- ■ 熟語だけでなく，特殊な表現にも慣れておこう

■ 下線部を訳しなさい。

　The **needs** at one level must be at least partially satisfied before those at the next level become important motivators of action. When food and safety are difficult to obtain, efforts to satisfy those needs will dominate a person's actions, and higher motives will have little significance. (1) Only when **basic needs** can be satisfied easily will the individual have the time and energy to devote to aesthetic and intellectual interests. Artistic and scientific endeavors do not flourish in societies in which people must struggle for food, shelter, and safety. The highest motive – **self-actualization** – can be fulfilled only after all other needs have been satisfied.

　(2) Maslow decided to study **self-actualizers** – men and women who had made extraordinary use of their potential. (3) He began by studying the lives of eminent historical figures such as Spinoza, Thomas Jefferson, Abraham Lincoln, Jane Addams, Albert Einstein, and Eleanor Roosevelt. (4) In this way he was able to create a composite picture of a self-actualizer.

(*Atkinson & Hilgard's Introduction to Psychology* 15th edition, p.486-487)

用語Q　Maslow's way of classifying needs and motives, from the basic biological needs to the more complex psychological motivations that become important only after the basic needs have been satisfied.

解説

(1)「Only」が文頭にある**倒置構文**。他にも、「not」「never」「little」「few」などの否定語が文頭にくると倒置が起こり、「**否定語→強調したい語，句，節→助動詞→S→V**」という語順になる。したがってここでは、whenの導く節が強調したい内容となる。そのことが反映された訳作りを心がけよう。
(2)「make use of~」は「利用する」という意味だが，文脈に合わせて「発揮する」とした。
(3)「begin by ~ing」は「~することからはじめる」という意味。「such as~」

関連用語（まずは*の単語を優先的に理解しよう）

マズロー*	Maslow, A. H.
自己実現*	self-actualization
人間性心理学*	humanistic psychology
一次的欲求	primary need
二次的欲求	secondary need
自己実現の欲求*	self-actualizing needs
尊敬の欲求*	esteem needs
所属と愛情の欲求*	belonging & love needs
安全の欲求*	safety needs
生理的欲求*	physiological needs

は「~のような」で例を示す表現。
(4)「in this way」は「このようにして」という熟語表現。

全訳

次のレベルの欲求が行動を起こすための重要な動機となる前に，あるレベルの**欲求**が少なくとも部分的に満たされなければならない。食べ物や安全を得るのが難しいとき，これらの欲求を満たすための努力がその人の行動を支配し，より高次の動機はそれほど重要ではないだろう。(1)**基本的欲求を簡単に満たせる場合のみ，その人は美的，知的な関心に費やす時間とエネルギーをもつだろう。**芸術的，科学的な努力は，人々が食べ物や住む場所，安全をめぐって争っているような社会においては多く見られない。最も高次の動機，つまり**自己実現**は，他の欲求が全て満たされた後にのみ，果たされるのである。

(2)**マズローは，自己実現をした人**（潜在能力を遺憾なく発揮した男性や女性）**について研究することにした。**(3)彼はまず，スピノザ，トーマス・ジェファーソン，アブラハム・リンカーン，ジェーン・アダムス，アルバート・アインシュタイン，そしてエレノア・ルーズベルトといった，著名な歴史的人物たちの人生について研究することからはじめた。(4)このようにして，彼は自己実現者の合成像を作り上げることができたのだ。

基本的な生理的欲求から，それらが満たされて初めて重要になるより複雑な心理的動機までの，欲求や動機の分類法
欲求階層説：hierarchy of needs theory

4 社会・感情・性格

44 性格類型論

personality typology

学習のポイント
- ☐ 用語の確認を十分にしておこう
- ☐ 特性論との違いについて理解しておきたい

■ The typology viewing character or temperament as an unchanging structure of basic traits corresponding to body makeup.
性格や気質を，体型に応じた不変の基本的特性とみなす類型論

【クレッチマーの気質類型】

体型	気質	関連する精神疾患
肥満型 pyknic	循環気質 cycloid	躁うつ病 bipolar disorder
細長型 leptosomic	分裂気質 schizoid	統合失調症 schizophrenia
闘士型 athletic	粘着気質 phlegmatic	てんかん epilepsy

■ The typology that identifies four psychological functions that can be experienced in an introverted or extraverted way.
内向き，外向きの方向で経験される4つの心理的機能を同定する類型論

【ユングの機能類型】

	内向 introversion	外向 extroversion
思考 thinking		
感覚 sensing	8類型	
感情 feeling		
直観 intuition		

関連用語をおさえよう
まずは☆の単語を優先的に理解しよう。

☆	クレッチマーの気質類型	Kretschmer's typology of temperament
☆	ユングの機能類型	Jung's psychological types
	シェルドン	Sheldon, W. H.
	シュプランガー	Spranger, E.

The systematic classification of different types of individuals.

126

4 社会・感情・性格

45 性格特性論

personality trait theory

学習のポイント
□ 各因子名は覚える必要はないが，訳せるようにしておこう

■ Five broad domains or dimensions of personality that are used to describe human personality.
人の性格を表すために用いられる，5つの広い性格領域，あるいは性格の次元　　　　　　　　　　　　　　　　　　　　　【ビッグ・ファイブ】

＜YG性格検査＞

抑うつ性 depression	回帰的傾向 cyclic tendency	劣等感 inferiority feelings
神経質 nervousness	客観性 objectivity	協調性 cooperativeness
攻撃性 lack of agreeableness	活動性 general activity	社会的外向 social extroversion
のんきさ rhathymia	思考的外向 thinking extroversion	支配性 ascendance

＜ビッグ・ファイブ＞

外向性 extroversion	調和性 agreeableness	神経症 neuroticism
開放性 openness	誠実性 conscientiousness	

関連用語をおさえよう
まずは☆の単語を優先的に理解しよう。

☆	オールポート	Allport, G. W.
☆	YG性格検査	YG personality inventory
☆	ビッグ・ファイブ	big five
☆	キャッテル	Cattell, R. B.
☆	因子分析	factor analysis
☆	アイゼンク	Eysenck, H. J.

人の異なるタイプついての系統的な分類
性格類型論：personality typology

127

その他の用語

	群衆	crowd
	内集団 / 外集団	in-group / out-group
	没個性化	deindividuation
☆	向社会的行動	pro-social behavior
	社会的ジレンマ	social dilemma
	社会的促進 / 抑制	social facilitation / inhibition
	社会的怠惰	social loafing
	集団規範	group norm
	規範的影響	normative social influence
	集団極性化	group polarization
	準拠集団	reference group
	認知的整合性理論	cognitive consistency theory
☆	ホメオスタシス	homeostasis
	同調	conformity
☆	対人認知	interpersonal cognition
	対人魅力	interpersonal attraction
	単純接触効果	mere exposure effect
	スティグマ	stigma
	偏見	prejudice
	差別	discrimination
	ソシオメトリー	sociometry
☆	罪悪感	guilt
☆	恥	shame
☆	興味	interest
☆	動因	drive
☆	誘因	incentive
☆	動因低減説	drive reduction theory
	期待価値理論	expectancy-value theory
	効力期待	efficacy expectancy
	結果期待	outcome expectancy

☆印の単語は，英語で書けるようにしておこう

第5章

Neurology, Physiology

神経・生理

•••••▶ 傾向と対策

人の心理的現象を扱う心理学と，人の生理的現象を扱う生理学の関連は深い。重要なトピックとしては，「**ニューロン（神経細胞）」などの基本的な生理的機構**のほか，脳損傷患者を対象とした研究（「分割脳」など）や**言語使用にかかわる「ブローカ野」，「ウェルニッケ野」**などがあげられる。また，**大脳半球の優位性**について，しばしば出題を行っている大学院もある。さらに，近年では**精神疾患やストレスなどの臨床心理学が対象としてきた現象**に対しても，その生理的メカニズムを解明しようとする研究が多数なされていることから大学院入試の問題として取り上げられることがある。いずれにせよ，**出題校は限られる**ため，過去問分析を怠らなければ怖くない領域ではある。

英語の入試でこの領域から出題される場合，かなり**専門的で難しい用語が満載**となる。ただし，深い知識が必要なわけではない。単語の難解さと比較して，内容に関しては上述したようなものをそれぞれおさえておけば十分読めるため，まずはしっかり用語確認をしておきたい。

NO	出題頻度	用語	
46	B	シナプス	synapse
47	C	海馬と扁桃体	hippocampus / amygdala
48	A	失語症	aphasia
49	A	闘争か逃走反応	fight or flight response
50	A	ストレス	stress

出題頻度は，長文問題としての出題のされやすさを表します（A＞B＞C）。

5 神経・生理

46 シナプス

synapse

学習のポイント
- 長文で出す大学院は決まっているため，出題校志望者は要対策
- そうでなければ単語と概要をおさえておけば十分

■ A specialized nerve cell that receives, processes, and transmits information to other cells in the body.
情報を受け取り，処理し，身体の中の他の細胞に伝達することに特化した神経細胞 　　　　　　　　　　　　　　　　　　　　　【ニューロン】

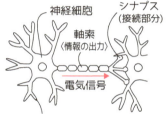

神経細胞	neuron
軸索	axon
樹状突起	dendrite
電気信号	impulse
シナプス	synapse

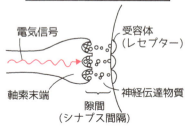

軸索末端	axon terminal
シナプス間隙	synaptic cleft
神経伝達物質	neurotransmitter
受容体	receptor

関連用語をおさえよう

まずは☆の単語を優先的に理解しよう。

☆	ドーパミン	dopamine
☆	セロトニン	serotonin
☆	ノルアドレナリン	noradrenaline
	活動電位	action potential
	活性化させる	activate
	過分極	polarize
	脱分極	depolarize

The junction where the axon of a sending neuron communicates with a receiving neuron across the synaptic cleft.

5 神経・生理

# 47 海馬と扁桃体

hippocampus / amygdala

学習のポイント
- □ ここであげる用語は正しく日本語で書けるようにしておこう
- □ それぞれの部位の役割について簡単に理解しておくこと

■ The area of the brain located right under the cerebrum that regulates emotion and memory.
大脳のちょうど下に位置し，情動と記憶を司る脳の部位　　【 大脳辺縁系 】

■ A brain structure located below the cerebral cortex that is involved in the consolidation of new memories; its role seems to be that of a cross-referencing system, linking together aspects of a particular memory that are stored in separate parts of the brain.
新しい記憶の固定にかかわる，大脳皮質の下に位置する脳の機構．その役割は，脳の別の部位に貯蔵される記憶の各側面をつなぎ，互いに参照させることである　　【 海　馬 】

■ A structure in the limbic system that plays an important role in emotion, particularly in response to aversive stimuli.
大脳辺縁系内の機構で，とくに嫌悪的な刺激への反応など，情動に関する重要な役割を担っている　　【 扁桃体 】

大脳 cerebrum	前頭葉 frontal lobe
	頭頂葉 parietal lobe
	側頭葉 temporal lobe
	後頭葉 occipital lobe
脳幹 brain stem	
小脳 cerebellum	

 送り手側のニューロンの軸索が，シナプス間隙を横切って受け取る側のニューロンに電気信号の伝達をする接合点
シナプス：synapse

第5章　神経・生理

131

5 神経・生理　▶▶▶　鉄則9：表現　難易度：★★☆

48 失語症

aphasia

学習・読解のポイント
- ☐ 失語症に関する長文は出題頻度が高いため，読みこなしておこう
- ☐ 関連する脳の部位についても知識としておさえておくこと
- ■ 多義語や熟語は，文意に沿わせた訳を心がけよう

■ 下線部を訳しなさい。

　As early as 1861, the French physician **Paul Broca** examined the brain of a deceased patient who had suffered **speech loss**. He found **damage** in an area of the **left hemisphere** just above the **lateral fissure** in the **frontal lobe**. This region, now known as **Broca's area**, is involved in **speech production**. (1) People with damage to Broca's area suffer from **expressive aphasia**: they have difficulty enunciating words correctly and speak in a slow, labored way. Their speech often makes sense, but it includes only key words. Nouns are generally expressed in the singular, and adjectives, adverbs, articles, and conjunctions are likely to be omitted. (2) However, these individuals have no difficulty understanding either spoken or written language. Destruction of the equivalent region in the right hemisphere usually does not result in **speech impairment**. The areas involved in understanding speech and being able to write and understand written words are also usually located in the left hemisphere. A stroke that damages the left hemisphere is more likely to produce **language impairment** than one with damage confined to the right hemisphere. (3) Not all people have left-hemisphere **speech centers**; some left-handed individuals have **right-hemisphere** speech centers.

(*Atkinson & Hilgard's Introduction to Psychology 15th edition*, p.49)

A disorder of communication that impairs a person's ability to use and comprehend language.

解説

(1)「with」の大かかなイメージは「〜と一緒」。訳は実に多様なので，1つ1つ覚えようとするのではなく，イメージと文脈をもとに決定したい。「suffer from 〜」は「〜を患う」。「have difficulty 〜 ing」は「〜するのに困難を抱える」。
(2)「either A or B」は通常「AかBのどちらか一方」という意味であるが，否定文あるいは否定の意味をもつ語とともに用いられると，「AとBのどちらも〜ない」と意味が変化することに注意。ここでも「no difficulty understanding either A or B」というように「no」とともに用いられているため，「AとBのどちらも理解するのが難しくない」と訳してほしい。
(3)「not all S V」は「すべてのSがVというわけではない」。

関連用語 （まずは*の単語を優先的に理解しよう）

ブローカ野*	Broca's area
運動性失語	motor aphasia
ウェルニッケ野*	Wernicke's area
感覚性失語	sensory aphasia
認知症	dementia
アルツハイマー病	Alzheimer's disease
記憶障害	memory disorder
見当識障害	disorientation
分離脳	split brain

全訳

早くも1861年に，フランス人医師の**ポール・ブローカ**は，言語喪失を呈する患者の脳を調べた。彼は**前頭葉**における**外側溝**のすぐ上にある**左半球**の一領域に**損傷**を発見した。現在，**ブローカ野**として知られるこの領域は**発話の生成**に関与している。(1) ブローカ野に損傷を負った人は，**表出性失語**に悩まされる。彼らは正しく明瞭に発音することが難しく，ゆっくりとぎこちなく話す。発話の意味は通るが，キーワードしか含まれない。名詞は全体的に単数形で表現され，形容詞や副詞，冠詞，接続詞は省略される。(2) しかしながら，彼らは話し言葉や書き言葉を理解することには困難を示さない。右半球の対応する領域が破壊されても，**発話障害**はたいてい生じない。発話の理解と，書く能力および書かれた言葉の理解に関与している領域も，たいていは左半球に位置している。したがって，左半球に損傷を与える脳卒中は，右半球にのみ損傷を与える脳卒中よりも，**言語障害**をもたらす可能性が高い。(3) すべての人が左半球に**発話中枢**をもつわけではない。一部の左利きの人は，**右半球**に発話中枢をもっている。

言語を使用したり理解したりする能力を損なわせるコミュニケーションの障害
失語症：aphasia

5 神経・生理 ▶ ▶ ▶ 鉄則6：並列 難易度：★★☆

49 闘争か逃走反応

fight or flight response

学習・読解のポイント
- □ 不安障害に関する英文の中でも出題可能性あり
- □ 情動のテーマとも関連があるためつながりを学習しておこう
- ■ 挿入や省略に惑わされず，並列関係をしっかりと見抜きたい

■ 下線部を訳しなさい。

(1) Whether you fall into an icy river, encounter a knife-wielding assailant, or are terrified by your first parachute jump, your body responds in similar ways. Regardless of the **stressor,** your body automatically prepares to handle the emergency. This is called **fight-or-flight response** – the body's mobilization to attack or flee from a threatening situation. (2) Energy is needed right away, so the liver releases extra sugar (glucose) to fuel the muscles, and **hormones** are released that stimulate the conversion of fats and proteins into sugar. The body's metabolism increases in preparation for expending energy on physical action. (3) Heart rate, blood pressure, metabolism increase, and the muscles tense. At the same time, certain unessential activities, such as digestion, are curtailed. Saliva and mucus dry up, thereby increasing the size of the air passages to the lungs, and an early sign of stress is a dry mouth. (4) The body's natural painkillers, endorphins, are secreted, and the surface blood vessels constrict to reduce bleeding in case of injury. The spleen releases more red blood cells to help carry oxygen, and the bone marrow produces more white corpuscles to fight infection.

(*Atkinson & Hilgard's Introduction to Psychology 15th edition*, p.513)

用語Q A response to stress in which the sympathetic nervous system and the endocrine glands prepare the body to fight or flee.

解説

(1) Whether が導く節内の主語は「you」。その後「A, B, or C」の形で、「fall〜」、「encounter〜」、「are〜」という3つの動詞が並列されている。訳は「A だろうが, B だろうが, あるいは C だろうが」。

(2)「Energy is needed right away, so 〜, and …」で「ただちにエネルギーが必要となるため, 〜, そして…」。つまり「the liver〜」と, 「hormones〜」の2文が並列になっている。

(3)「S1 V1, and S2 V2」という形。ただし, 「Heart rate」, 「blood pressure」,「metabolism」の3つが S1 に該当する。

関連用語 (まずは*の単語を優先的に理解しよう)

ホメオスタシス*	homeostasis
自律神経系*	autonomic nervous system
交感神経系*	sympathetic nervous system
副交感神経系*	parasympathetic nervous system
ストレス*	stress
自律訓練法*	autogenic training

本来ならば「A, B, and C」の形式で「and」があるべきだが, ここでは**省略されているため構造が見えにくい**。

(4)「The body's natural painkiller〜」と,「the surface blood vessels〜」の2文が「and」で結ばれている。1文目の中に**挿入のカンマがあり, 少々構造が見えにくくなっている**ことに注意。

全訳

(1) 凍った川に落ちようが, ナイフを振り回して襲ってくる人に出くわそうが, あるいは初めてパラシュートで飛んで恐怖を感じようが, 体は似たような反応を示す。**ストレッサー**にかかわらず, あなたの体は自動的にその緊急事態に対処しようと準備するのだ。これは身を脅かす状況に対抗するか, あるいは逃げるための体の準備で, **闘争か逃走反応**とよばれる。(2) ただちにエネルギーが必要となり, 肝臓が筋肉に供給するために余分な糖(グルコース)を放出し, 脂肪やタンパク質を糖に変えるのを促す**ホルモン**が放出される。体の代謝が上がり, 身体的活動に費やすエネルギーを準備する。(3) 心拍, 血圧, 代謝が上がり, 筋肉が緊張する。同時に, 消化といった重要でない活動は緊縮される。唾液, 粘液が乾くことで肺への気道が広がる。ストレスの初期の兆候は, 口内の乾燥なのである。(4) 体内に備わった, 鎮痛作用をもつエンドルフィンが分泌され, 怪我をした際の出血を減らすために, 皮膚表面の血管が収縮する。脾臓は酸素を運ぶのを助けるためにより多くの赤血球を放出し, 骨髄は感染症と戦うためにより多くの白血球を作り出す。

用語A
交感神経や内分泌腺が, 身体を闘う状態あるいは逃げる状態に準備するストレスに対する反応
闘争か逃走反応：fight or flight response

5 神経・生理 ▶▶▶ 鉄則3：流れ 難易度：★☆☆

50 ストレス

stress

学習・読解のポイント
- □ 認知的評価モデルは「情動の生起過程」との関連でも重要かつ頻出
- ■ 「一連の心理的反応」が順に説明されるという文章構成
- ■ 例を利用して理解しよう

■ 以下の英文で述べられた外傷後の心理的反応について150字程度で述べなさい。

　Many people experience a specific series of **psychological reactions** after a **traumatic event** (Horowitz, 2003). At first, survivors are stunned and dazed and appear to be unaware of their injuries or of the danger. They may wander around in a disoriented state, perhaps putting themselves at risk for further injury. For example, an earthquake survivor may wander through buildings that are on the verge of collapse. In the next stage, survivors are still passive and unable to initiate even simple tasks, but they may follow orders readily. For example, days after the assault a rape survivor may not even think to prepare food to eat, but if a friend calls and insists that they go out for food, she will comply. In the third stage, survivors become anxious and apprehensive, have difficulty in concentrating, and may repeat the story of the catastrophe over and over again. The survivor of a car crash may become extremely nervous near a car, may be unable to go back to work because of inability to concentrate, and may repeatedly tell friends about the details of the crash.

(*Atkinson & Hilgard's Introduction to Psychology 15th edition*, p.504)

State of an organism subjected to a stressor; can take the form of increased autonomic activity and in the long term can cause breakdown of an organ or development of a mental disorder.

解説

英文ではこれから述べられることの**要点が段落冒頭で示される**ことが多い。さらに，**文章の組み立てが明確**であるのも特徴的だ。本文でも，まず冒頭で「a specific series of psychological reaction」があると述べられ，その後に「At first」，「In the next stage」，「In the third stage」と続く。要約を書く場合にはこの流れに従えばよい。また，**簡潔にまとめるからこそ，わかりやすい和文**を目指してほしい。要約問題では全文を読むことはないのだが，必要に応じて「例」などにも目を通すと，理解の伴ったよりよい訳になるだろう。

関連用語 (まずは*の単語を優先的に理解しよう)

セリエ*	Selye, H.
ラザルス*	Lazarus, R. S.
心身症*	psychosomatic disease
汎適応症候群*	general adaptation syndrome
認知的評価モデル*	cognitive appraisal model
ストレスコーピング*	stress coping

解答例　心的外傷後の一連の心理的反応には3段階ある。まず生存者は呆然とし，事態を理解できないように見える。次の段階では，いまだ受け身で簡単な課題すらできないものの，人には従うようになる。そして3段階目では，生存者は不安を感じ，集中できなくなり，くり返しその出来事について話をするようになる。(141字)

全訳

多くの人は**心的外傷を与えられる出来事**の後にある一連の**心理的反応**を経験する（Horowitz, 2003）。まず，生存者は呆然とし，自分の負った傷や危険に気づかないように見える。彼らは混乱した様子で歩きまわり，さらなる傷を負う危険に自分自身をさらすかもしれない。たとえば，地震の生存者は今にも崩壊しそうな建物に入っていくかもしれない。次の段階では，生存者はまだ受け身で単純な課題でさえこなすことができない。しかし，彼らは他者に容易に従う。たとえば，暴行を受けた数日後，被害者は食事の準備をすることを考えすらしないが，友人が外食しようといえばそれに従うだろう。3段階目として，生存者は不安を感じ，集中できなくなり，くり返し惨事についての話をくり返すかもしれない。車の事故の生存者は，車の近くで極端に怖がり，集中できないために仕事に戻れず，その事故の詳細をくり返し友人に伝え続けるかもしれない。

ストレッサーに対する生体の状態（自律性の活動を増加する状態になり，長期間にわたると臓器を破壊したり，精神障害を発症したりする可能性がある）
ストレス：stress

その他の用語

	進化		evolution
	変異		mutation
	選択優位性		selective advantage
☆	神経科学		neuroscience
☆	細胞		cell
☆	構造		structure
☆	機能		function
	事象関連電位		event-related potential
☆	全か無かの法則		all-or-none law
	大脳半球		cerebral hemispheres
	脳溝		sulcus / fissure
	脳回		gyrus
	皮質		cortex
	両側性転移		bilateral transfer
	ラテラリティ		laterality
☆	中枢神経系		central nervous system
☆	末梢神経系		peripheral nervous system
	視床		thalamus
	視床下部		hypothalamus
	脳梁		corpus callosum
	延髄		medulla oblongata
	脊髄		spinal cord
☆	脳波		brain wave
	脳波図		electroencephalogram
	感受性		sensitivity
	覚醒水準		arousal level
	結び付け問題		binding problem
	運動感覚		kinesthesis

☆印の単語は，英語で書けるようにしておこう

Statistics, Measurement, Evaluation

第6章 統計・測定・評価

·····▶ 傾向と対策

入試英語で，直接統計的知識に関する英文が出題されることはほとんどない。ただ，**英語論文の出題では必ず使用した分析の手法と結果が記述されている**ため，読み解くために知っておかなければならない。各種分析方法についてはもちろんのこと，それらにかかわる統計用語についてもしっかりとおさえておきたいところだ。研究論文を英語の長文として出題する大学を受験するならば，**関心のあるテーマについて書かれた海外の論文など**を実際に読んでみるとよい（論文検索サイトを利用しよう）。研究計画書を書く上でも，大学院入学後に英語論文を執筆する際にも必ず役に立つだろう。

58以降の知能については，志望校にかかわらず万全の対策を求めたい。**知能の構造に関する諸理論，知能検査の発展の歴史，それぞれの検査の特徴など，どれをとっても出題頻度が高い**ため，内容の理解に加え，英文として読むことにも慣れておいてほしい。

NO	出題頻度	用語	
51	C	尺度水準	level of measurement
52	B	標準化	standardization
53	A	統計的仮説検定	testing statistical hypothesis
54	B	第1種・第2種の誤り	type I / II error
55	B	t検定と分散分析	t-test / analysis of variance
56	B	主効果と交互作用	main effect / interaction
57	B	多変量解析	multivariate analysis
58	A	知能の構造	structure of intellect
59	A	ビネー式知能検査	Binet intelligence scales
60	A	ウェクスラー式知能検査	Wechsler intelligence scales

出題頻度は，長文問題としての出題のされやすさを表します（A＞B＞C）。

6 統計・測定・評価

51 尺度水準

level of measurement

学習のポイント
- [ ] 用語説明問題対策として訳せるようにしておくこと
- [ ] 例を用いてそれぞれの尺度について説明できるように

- A measurement scale in which a certain distance along the scale means the same thing no matter where on the scale you are, and where "0" on the scale represents the absence of the thing being measured.
  尺度のどこをとっても，一定の距離が同じ意味を持ち，尺度上の「0」は測定されているものが存在しないことを表す測定尺度　　【 比例尺度 】

- A scale of measurement where the distance between any two adjacent units of measurement is the same but the zero point is arbitrary.
  隣り合う2つの単位間の距離が等しいが，ゼロ点が任意の測定尺度
  【 間隔尺度 】

- A measurement scale on which data is shown simply in order of magnitude since there is no standard of measurement of differences.
  差の大きさに基準がないために，データが単に大きさの順で示される測定尺度　　【 順序尺度 】

- A measurement scale in which data are neither measured nor ordered but subjects are merely allocated to distinct categories.
  データが測定されるわけでも並べられるわけでもなく，単に別個のカテゴリーに振り分けられる測定尺度　　【 名義尺度 】

関連用語をおさえよう

まずは☆の単語を優先的に理解しよう。

☆	比例尺度	ratio scale	(例) 身長，体重
☆	間隔尺度	interval scale	(例) 温度，知能
☆	順序尺度	ordinal scale	(例) 成績順位，好ましさの順位
☆	名義尺度	nominal scale	(例) 性別，血液型

The relationship among the values that are assigned to the attributes for a variable.

140

6 統計・測定・評価

52 標準化

standardization

学習のポイント
- □ 比較するために必須の手続き
- □ 代表値と散らばりについても理解しておこう

■ Establishing norms for comparing the scores of people who will take a test in the future; administering tests using a prescribed procedure.
これからその検査を受ける人々の得点を比較するために標準を確立すること，そして検査を定められた手続きに則って実施すること 【 標準化 】

■ A statistical term that measures the amount of variability or dispersion around an average.
平均値周辺の（数値の）変化や散らばりの度合を表す統計用語 【 標準偏差 】

■ A single value that attempts to describe a set of data by identifying the central position within that set of data.
データの集まりの中心となる位置を同定することで，その一連のデータを表現しようとする1つの値 【 代表値 】

関連用語をおさえよう

まずは☆の単語を優先的に理解しよう。

	平均値	mean（average）
	最頻値	mode
	中央値	median
	代表値	central tendency
☆	標準偏差	standard deviation
	正規分布	normal distribution
	Z値	Z-score
	得点	score

用語
変数の特性に与えられた値の間の関係
尺度水準：level of measurement

53 統計的仮説検定

testing statistical hypothesis

学習・読解のポイント
- □ なぜ必要なのか，どのような方法があるのかについて知ろう
- □ 長文での出題歴もあり
- ■ 直訳では差がつかない。積極的な意訳で一歩抜け出そう

■ 下線部を訳しなさい。

　Statistics plays an important role not only in **experimental research** but in other methods as well. The most common **statistic** is the **mean**, which is simply the technical term for an arithmetic average, the sum of a set of **scores** divide by the number of scores in the set. In studies with one **experimental group** and one **control group**, there are two means to be compared: a mean for the scores of the **participants** in the experimental group and a mean for the scores of the participants in the control group. (1) The difference between these two means is, of course, what interests the **experimenters**. If the difference between the means is large, it can be accepted at face value. But what if the difference is small? What if the measures used are subject to **error**? What if a few extreme cases are producing the difference? **Statisticians** have solved these problems by developing tests for determining the significance of a difference. (2) A **psychologist** who says that the difference between the experimental group and the control group has **statistical significance** means that a statistical test has been applied to the data and the observed difference is unlikely to have arisen by chance or because of a few extreme cases.

(*Atkinson & Hilgard's Introduction to Psychology 15th edition*, p.21),

Statistical tests that estimate the probability that a particular research result could have occurred by chance.

解説

(1)「what interests the experimenters」の「what」は「the thing which」と同義で「もの，こと」と訳す。動詞の「interest」は「関心をもたせる」。したがって，直訳をすると「実験者に関心をもたせるもの」となり不自然。意訳をして，「実験者が関心をもつもの」とした。

(2) 主部の中心は「A psychologist」で，中心となる動詞は「means」。「who says ~」が「A psychologist」を修飾しているため，「~という心理学者は…を意味している」というのが直訳になる。これを**自然な言い回しになるように意訳して**，「~と心理学者がいう場合，…ということだ」とした。細かいことに思えるかもしれないが，直訳ではなかなか差がつかないのが院試である。いかに深く理解できているかが採点者に伝わる訳を心がけたい。

関連用語 (まずは*の単語を優先的に理解しよう)

帰無仮説（H_0）*	null hypothesis
対立仮説（H_1）*	alternative hypothesis
有意水準*	significance level
採択する	accept
棄却する	reject
片側検定	one-tail test
両側検定	two-tail test

全訳

統計は実験研究だけでなく，他の研究法においても同様に重要な役割を担う。最もよく使われる統計量は平均である。それは算術平均，つまり得点群の合計をその群の数で割ったものを表す専門用語である。実験群と統制群が一つずつある研究においては，2つの平均が比較される。実験群の参加者の得点平均と，統制群の参加者の得点平均である。(1) 実験者が関心を持つのはもちろん，これら2つの平均値の差である。もし2つの平均の差が大きければ，それは額面通りに認められうる。しかし，もしもその差が小さかったらどうだろう。もし測定に誤差が出やすかったらどうだろう。もし少数の極端なケースがその差を生みだしていたらどうだろう。統計学者たちは，差の重要性を決定するためのテストを開発し，これらの問題を解決してきた。(2) 実験群と統制群の差が統計的に有意だと心理学者が言う場合，それはそのデータに対して統計的なテストが実施され，観察された差が偶然，あるいは少数の極端なケースの存在によって起こりづらいということだ。

用語 特定の研究結果が偶然に生じうる確率を推定する統計的検定
統計的仮説検定：testing statistical hypothesis

6 統計・測定・評価

54 第1種・第2種の誤り

type I / II error

学習のポイント
- [ ] とにかく用語の確認を中心に
- [ ] 表やグラフを利用して理解を深めよう

■ The incorrect rejection of a true null hypothesis.
正しい帰無仮説を誤って棄却すること 【第1種の誤り】

■ The failure to reject a false null hypothesis.
間違った帰無仮説を棄却しないという誤り 【第2種の誤り】

■ The probability that the **test** will reject the null hypothesis when the null hypothesis is false which is affected by significance level, sample size, and effect size.
帰無仮説が誤りのときに検定がそれを棄却できる確率のことで，有意水準やサンプルサイズ，効果量による影響を受ける 【 検出力 】

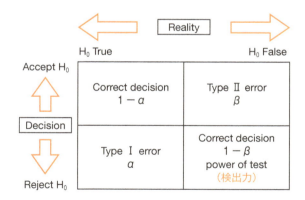

用語Q A statistical test in which assumptions are made about the underlying distribution of observed data.

55 t検定と分散分析

6 統計・測定・評価

t-test / analysis of variance (ANOVA)

学習のポイント
- [ ] 2群（t検定）あるいは3群以上（分散分析）の平均値差の検定
- [ ] ANOVAは多重比較までしっかり方法をおさえておこう

■ A statistical method used to assess whether the means of two groups are statistically different from each other.
2群の平均に統計的な差があるかどうかを評価するために用いられる統計的手法
【　t検定　】

■ A statistical method used to test differences between two or more means.
2つ，あるいはそれ以上の平均間の差を検定するための統計的手法
【　分散分析　】

■ Methods of investigating differences between levels of an independent variable within an experimental design.
実験計画の中で，独立変数の水準間の差を調べるための方法
【　多重比較　】

■ A difference that a statistical test indicates less than 5 percent probability that a difference occurred by chance.
統計的な検定によって，差が偶然生じる可能性が5％以下であると示された差
【　有意差　】

関連用語をおさえよう

まずは☆の単語を優先的に理解しよう。

☆	誤差	error
☆	有意差	significant difference
☆	多重比較	multiple comparisons
☆	テューキー法	Tukey's method
	自由度	degree of freedom
	パラメトリック検定	parametric test

用語A　観察されたデータに潜在的な分布を仮定する統計的検定
パラメトリック検定：parametric test

145

6 統計・測定・評価

主効果と交互作用

main effect / interaction

学習のポイント
- [ ] 研究論文を読み解くために必須の知識
- [ ] グラフを読み取る力をつけておくと英文理解が促進される

■ A statistical term indicating the overall effect that an independent variable has on the dependent variable, ignoring all other independent variables.
他のすべての独立変数を考慮しなかった場合，ある独立変数が従属変数に与える全体的な影響を示す統計用語　　　　　　　　　　　　【　主効果　】

■ A statistical term indicating the change in the effect of each independent variable as a function of other independent variable.
一つの独立変数の影響が，他の独立変数の関数として変化することを示す統計用語　　　　　　　　　　　　　　　　　　　　　　　　【　交互作用　】

■ An independent variable that is manipulated by testing each subject at each level of the variable.
個々の被験者を変数の各水準で検定することで操作される独立変数
【被験者内要因】

■ Independent variables or factors in which a different group of subjects is used for each level of the variable.
異なる被験者がその変数の各水準に用いられる独立変数あるいは要因
【被験者間要因】

関連用語をおさえよう
まずは☆の単語を優先的に理解しよう。

☆	要因	factor
☆	水準	level
☆	要因計画	design
☆	被験者内要因	within subject variable
☆	被験者間要因	between subject variable
☆	混合計画	mixed design

A statistical phenomenon in which two or more predictor variables in a multiple regression model are highly correlated.

6 統計・測定・評価

57 多変量解析

multivariate analysis

学習のポイント
- □ 因子分析，重回帰分析について，結果の記述のされ方を知っておこう
- □ その他の手法は用語の確認程度で十分

- Statistical techniques for analyzing data with many variables simultaneously to identify patterns and relationships.
  パターンや関係を明らかにするために，多数の変数のデータを同時に分析する統計的手法 【多変量解析】

- A statistical method used to identify underlying factors that explain the pattern of correlations within a set of observed variables.
  観察された一連の変数内の相関パターンを説明するような潜在的な因子を同定するために用いられる統計的手法 【因子分析】

- Statistical procedure that attempts to assess the relationship between a dependent variable and two or more independent variables.
  ある従属変数と，2つあるいはそれ以上の独立変数との間にある関係を明らかにしようとする統計的手続き 【重回帰分析】

関連用語をおさえよう

まずは☆の単語を優先的に理解しよう。

	主成分分析	principal component analysis
☆	因子分析	factor analysis
☆	重回帰分析	multiple regression analysis
	共分散構造分析	covariance structure analysis
	クラスター分析	cluster analysis
	数量化理論	quantification theory
	標準偏回帰係数	standard partial regression coefficient
☆	多重共線性	multicollinearity

重回帰分析において，2つあるいはそれ以上の予測変数間の相関が高いという統計的現象
多重共線性：multicollinearity

147

6 統計・測定・評価 ▶▶▶ 鉄則1：SV 難易度：★★★

58 知能の構造

structure of intellect

学習・読解のポイント
- □ 関連用語に挙げた諸理論はいずれも頻出
- ■ いずれの下線部も，訳文の良し悪しは主語の訳し方にかかっている

■ 下線部を訳しなさい。

(1) <u>Some **psychologists** view **intelligence** as a general capacity for comprehension and **reasoning** that manifests itself in various ways.</u>

（中略）

(2) <u>Other psychologists, however, question whether there is such a thing as '**general intelligence**'.</u> They believe that intelligence tests sample a number of mental abilities that are relatively independent of one another. (3) <u>One method of obtaining more precise information about the kinds of abilities that determine performance on intelligence tests is **factor analysis**, a statistical technique that examines the intercorrelations among a number of tests and, by grouping those that are most highly correlated, reduces them to a smaller number of independent dimensions, called **factors**.</u> The basic idea is that two tests that **correlate** very highly with each other are probably measuring the same underlying ability. The goal is to discover the minimum number of factors, or abilities, required to explain the observed pattern of correlations among an array of different tests.

(4) <u>It was the originator of factor analysis, **Charles Spearman**, who first proposed that all individuals possess a general intelligence factor (called g) in varying amounts.</u>

（*Atkinson & Hilgard's Introduction to Psychology 15th edition*, p.438-439）

The theory of a general intelligence factor, "g" and a specific intelligence factor "s".

解説

(1) この2文は「Some 〜. Other ….」という形。「何人かの心理学者は」という主語にするより、「〜がいる。…もいる。」と訳すと自然な訳になる。

(2) 非常に長い文であるため、「factor analysis」の後の**カンマで切って2文**にした。前半部分は主語が長く、冒頭から「intelligence tests」まで続く。「that 〜 tests」が直前の「abilities」を修飾する関係代名詞節であり、メインの動詞が「is」であることをしっかり把握しよう。切れ目の**カンマは、同格を表すもの**で、その後には「factor analysis」を説明する内容が続いている。

(3) 「It is 〜 who …」という**強調構文**。「〜」の部分を強調する訳にする。主語として訳すのは who 以降であり、全体としては「…なのは〜だった。」と訳す。なお、「Charles Spearman」は「the originator」と同格である。

関連用語（まずは*の単語を優先的に理解しよう）

スピアマン*	Spearman, C. E.
2因子説*	two-factor theory
サーストン*	Thurstone, L. L.
特殊因子	specific factor
一般因子	g factor
多因子説*	multi-factor theory
ギルフォード*	Guilford, J. P.
立体モデル	3 dimensional cubical model
拡散的思考*	divergent thinking
収束的思考*	convergent thinking
キャッテル*	Cattell, R. B.
流動性知能*	fluid intelligence
結晶性知能*	crystallized intelligence

全訳

(1) 知能を、様々な形で顕在化する、理解や推論のための一般的な能力と見なす**心理学者**がいる。（中略）

(2) しかしながら、「一般知能」などというものがあるのだろうかと疑問に思う心理学者もいる。彼らは、知能検査は比較的互いに独立ないくつかの心的能力を抽出していると考えている。(3) 知能検査の成績を決定づける能力の種類について、より正確な情報を得る1つの方法は、**因子分析**である。因子分析とは、いくつかの検査間の相互相関を検討し、最も高い相関がみられるものをグループ化することによって、**因子**とよばれるより少数の独立な次元に減らしていく統計的な手法である。基本的な考えは、互いに強く**相関している**2つの検査はおそらく根底にある同じ能力を測定しているというものである。目標は、異なる検査の間に観察された相関パターンを説明するのに必要とされる最少の因子、あるいは能力を見つけることである。

(4) すべての個人が異なる量の一般的知能（gとよばれる）をもっていると最初に提案したのは、因子分析の創始者である**チャールズ・スピアマン**であった。

一般的な知能因子gと、特殊な知能因子sについての理論
2因子説：two-factor theory

6 統計・測定・評価 ▶▶▶ 鉄則5：修飾　難易度：★☆☆

59 ビネー式知能検査
Binet intelligence scales

学習・読解のポイント
- □ 入試英語の頻出テーマの1つ。あらゆる出題形式に対応できるように
- □ 知能検査発展の歴史に関する英文でも出題あり
- ■ 形だけでなく，意味の上でも修飾関係を把握するようにしよう

■ 下線部を訳しなさい。

　Terman adopted a convenient index of intelligence suggested by the German psychologist **William Stern.** This index is the **intelligence quotient (IQ)**, which expresses intelligence as a ratio of **mental age** to **chronological age**:

$$IQ = MA / CA \times 100$$

（中略）The most recent revision of the **Stanford-Binet** uses standard age scores instead of **IQ scores**. (1) These can be interpreted in terms of **percentiles**, which show the percentage of individuals in the **standardization group** falling above or below a given score. And although the concept of IQ is still used in **intelligence testing**, it is no longer actually calculated by using this equation. (2) Instead, tables are used to convert raw scores on the test into standard scores that are adjusted so that the **mean** at each age equals 100.

　(3) IQ scores tend to fall in the form of a bell-shaped curve, with most people's scores hovering around 100, but some people's scores much higher or lower than 100.

(*Atkinson & Hilgard's Introduction to Psychology 15th edition*, p.436)

A score on a test that rates the subject's cognitive ability as compared to the general population.

解説

(1)「, which」は **関係代名詞の非制限用法**。直前の「percentile」について補足的な説明を加える。which 節の中では，「in ~」，「falling ~」が「individuals」を修飾している。

(2) that の導く関係代名詞節が「standard scores」を修飾している。that 節内の「so that ~」は目的を表すもの。したがって，「~するように」と訳す。

(3) 付帯状況の「with」。ここでは「with 名詞＋現在分詞」の形。付帯状況の with は主文と同時に起こる状況，動作を示すもの。訳は「~して，~したまま」。「ベル型の曲線を描く傾向がある」という主文を修飾していることがわかるように訳すとよいだろう。

関連用語 (まずは*の単語を優先的に理解しよう)

ビネー*	Binet, A.
ターマン	Terman, L.
シュテルン*	Stern, W.
精神年齢*	mental age
生活年齢	chronological age
知能指数（IQ）*	intelligence quotient
偏差知能指数（DIQ）*	deviation IQ
知能偏差値（ISS）	intelligence standard score

全訳

ターマンは，ドイツの心理学者である**ウイリアム・スターン**によって提唱された，便利な知能の指標を採用した。その指標とは**知能指数（IQ）**であり，**精神年齢**と**生活年齢**の比率で知能を表現するものである。

$$IQ（知能指数） = MA（精神年齢） / CA（生活年齢） \times 100$$

（中略）**スタンフォード＝ビネー検査**の最新の改訂版では，**IQ 得点**に替えてその年齢での標準得点が用いられている。(1) これは，**標準化集団**においてある得点よりも上位あるいは下位にいる個人の割合を示す，**パーセンタイル**の観点から解釈されうる。**IQ** という概念は**知能検査**においてまだ用いられているけれども，実のところもうこの式を用いては計算されていない。(2) その代わりに，テストでの素点を，それぞれの年齢での**平均が 100** になるように調整した標準得点に換算する表が用いられる。

(3) IQ 得点は，ほとんどの人の得点が 100 近辺で，一部の人の得点が 100 より高いか低いものとなり，ベル型曲線を描く傾向がある。

第6章 統計・測定・評価

用語

個人の認知的能力を，一般的な人々との比較から評価した得点
知能指数：intelligence quotient (IQ)

6 統計・測定・評価 ▶▶▶ 鉄則6：並列　難易度：★☆☆

60 ウェクスラー式知能検査
Wechsler intelligence scales

学習・読解のポイント
- □ 3つの種類と下位尺度を確認しておこう
- □ 様々な領域の英文に登場する
- ■ 文章中に多く含まれる専門用語を正確に訳すこと

■ 下線部を訳しなさい。

(1) In 1939, **David Wechsler** developed a new test because he thought the **Stanford-Binet** depended too heavily on **language ability** and was not appropriate for **adults**. (2) The **Wechsler Adult Intelligence Scale**, or **WAIS** (1939, 1955, 1981), is divided into two parts – a **verbal scale** and a **performance scale** – that yield separate scores as well as a **full-scale IQ**. Wechsler later developed a similar test for children, the **Wechsler Intelligence Scale for Children (WISC)** (1958, 1974, 1991).

(3) **Items** on the performance scale require the manipulation or arrangement of blocks, pictures, or other materials. The Wechsler scales also provide **scores** for each subtest, so the **examiner** has a clearer picture of the individual's intellectual strengths and weaknesses. For example, a **discrepancy** between verbal and performance scores prompts the examiner to look for specific learning problems such as **reading disabilities** or language handicaps.

Both the Stanford-Binet and the Wechsler scales show good **reliability** and **validity**. They have **test-retest reliabilities** of about .90, and both are fairly valid predictors of achievement in school, with **validity coefficients** of about .50.

(*Atkinson & Hilgard's Introduction to Psychology 15th edition*, p.437-438)

The case in which there is a difference between the score of verbal IQ and that of performance IQ.

解説

(1) because 節内の「thought」の後には接続詞の that が省略されている。その that 節中では，「depended ～」と「was ～」が並置されている。同形同類（動詞の過去形）をヒントに把握しよう。

(2)「, or」は「すなわち，言い換えると」と訳す。ダッシュで挟まれた部分に「two parts」の内容として，2つの尺度が並置されている。読みにくくなるのを避けるために，カッコに入れて訳した。

(3) 下線部内に「or」が2つあるので注意。1つ目は「操作」と「配置」という2つの名詞を，2つ目は「ブロック」，「絵」，「その他のもの」という3つの名詞を並列の関係で結ぶものである。

関連用語（まずは*の単語を優先的に理解しよう）

ウェクスラー*	Wechsler, D.
言語性IQ*	verbal IQ
動作性IQ*	performance IQ
全IQ*	full scale IQ
ディスクレパンシー*	discrepancy
WAIS（ウェイス）*	Wechsler adult intelligence scale
WISC（ウィスク）*	Wechsler intelligence scale for children
WPPSI（ウィプシー）*	Wechsler preschool and primary scale of intelligence

全訳

(1) スタンフォード・ビネー検査が言語能力に依存しすぎであり，しかも成人に用いるのには適切でないとの考えから，1939年，デビッド・ウェクスラーは新たな検査を作り出した。(2) ウェクスラー成人知能検査，つまり WAIS（1939, 1955, 1981）は，全検査IQだけでなく個々のIQも産出する2つの部分（言語性検査と動作性検査）に分かれている。ウェクスラーは後に，子ども用の似た検査であるウェクスラー児童用知能検査（WISC）を作り出した（1958, 1974, 1991）。

(3) 動作性検査の項目では，ブロックや絵，その他の物の操作や配置を求められる。ウェクスラー式検査では個々の下位テストの得点も産出されるので，検査者は個人の知力の長所と短所についてよりはっきりとした状態を把握できる。たとえば言語性検査と動作性検査の得点間に差（ディスクレパンシー）があると，検査者は読書障害や言語障害といった特定の学習に関する問題を探りたくなる。

スタンフォード・ビネー検査もウェクスラー式検査も，高い信頼性，妥当性を示している。両者とも，再テスト信頼性は約 0.90，そして学校における達成度のかなり妥当な予測因子であり，妥当性係数は約 0.50 である。

言語性IQと動作性IQの得点に差が存在する場合
ディスクレパンシー：discrepancy

その他の用語

	共変量	covariance
☆	因果関係	causality（causal relationship）
	天井効果	ceiling effect
	床効果	floor effect
	累積度数	cumulative frequency
	データ分析	data analysis
	誤差効果	error effect
	誤差変動	error variation
	度数分布	frequency distribution
	項目分析	item analysis
	最小二乗法	least square method
	最尤法	maximum likelihood method
	観測値	observed value
	パーセンタイル順位	percentile rank
☆	社会的望ましさ	social desirability
	生データ	raw data
☆	有意傾向	tend to be significant
	確認的因子分析	confirmatory factor analysis
	探索的因子分析	exploratory factor analysis
	カイ二乗検定	chi-square test
	多重知能	multiple intelligence
	ノンパラメトリック検定	non parametric test
	GP分析	good-poor analysis
☆	棄却域	rejection region
☆	危険率	critical rate
☆	採択域	acceptance region
☆	信頼係数	confidence coefficient
	偏相関係数	partial correlation coefficient

☆印の単語は，英語で書けるようにしておこう

Clinical Psychology (Principles)

第7章

臨床（原理）

·····▶ 傾向と対策

　心理専門職を志すのであれば，**臨床心理士が対象とする4領域**について知っておかなければならない。関連する内容が英語長文として出題されることも少なくないため，4領域すべて偏りなく把握しておくようにしよう。

　現実社会の問題を反映してか，62〜64の地域援助に関する出題は近年明らかに増加している。「何となく知っている」という用語が多数出てくると思うが，日常的に使用しているカタカナ語の意味とは異なる学術的意味を持つ用語もあるた

め，それぞれの**用語について定義を再確認**しておく必要がある。

　精神分析はフロイトの古典的精神分析から，そこから発展していった様々な学派まで幅広い領域がある。その中でも，**心理系英語の問題の中では，精神分析の基本となる理論や，心理療法の技法について最も多く出題**されている。英語で書けるようにしておくべきテクニカルタームも多いため，用語学習にもある程度時間をかけるようにしたい。

NO	出題頻度	用語	
61	B	臨床心理士の4領域	—
62	B	コンサルテーション	consultation
63	A	スクールカウンセラー	school counselor
64	B	児童虐待	child abuse
65	C	スーパービジョン	supervision
66	B	局所論と構造論	topography / structural theory
67	B	エディプス・コンプレックス	Oedipus complex
68	A	防衛機制	defense mechanism
69	B	集合的無意識	collective unconscious
70	A	対象関係論	object relations theory

出題頻度は，長文問題としての出題のされやすさを表します（A＞B＞C）。

7 臨床（原理）

61 臨床心理士の4領域

学習のポイント
- [ ] そのまま長文問題として出題される可能性のある内容
- [ ] 4領域の名称は英語で書けるようにしておこう

■ A documented process used to get hold of the client's characteristics and where the problem lies through psychological tests, observations, and/or interviews.
心理検査や観察・面接を通じて，クライエント（来談者）の特徴や問題の所在を把握する行為　　　　　　　　　　　【臨床心理査定（アセスメント）】

■ A verbal communication that engages patients with a purpose of elucidating characteristic patterns in a patient.
患者の特徴的なパターンを明瞭にする目的で行われる言語的やりとり
【臨床心理面接】

■ Activities and practices in which psychologists work on the community to prevent psychological problems and promote safety.
心理的問題の予防や安全性の促進のために，心理士が地域社会（学校・職場・家庭など）に働きかける活動や実践　　　　　　【臨床心理的地域援助】

■ Developing psychological tests and conducting psychotherapy outcome research.
心理検査の開発や心理療法の効果研究などを行うこと　　　【調査研究活動】

関連用語をおさえよう
まずは☆の単語を優先的に理解しよう。

☆	臨床心理査定	clinical assessment
☆	臨床心理面接	clinical interview
☆	臨床心理的地域援助	clinical psychology for community support
☆	調査研究活動	research activity

The scientific study and application of psychology for the purpose of understanding, preventing, and relieving psychologically-based distress or dysfunction and to promote subjective well-being and personal development.

7 臨床（原理）

62 コンサルテーション

consultation

学習のポイント
- 地域援助に関する英語はカタカナ語が満載。訳す際にはカタカナのまま書く
- 各用語について，臨床心理学領域での意味をおさえておこう

■ A meeting with a professional or expert for purposes of gaining information, or the act or process of discussing and collaborating on something.
情報を得る目的で専門家やエキスパートと会うこと，あるいは問題について議論したり協力したりする行為やその過程 　【コンサルテーション】

■ A linking up or connecting of two or more separate professionals so that they can work together effectively.
2つあるいはそれ以上の別領域の専門家が共に効果的に働けるように，それらをつなぐこと 　【リエゾン】

■ Nonprofessional organization formed by people with a common problem or situation, for the purpose of gathering information and offering mutual support, services, or care.
同じ問題や状況を抱える人々が，情報収集や，支援やサービス，世話の相互提供を目的に形成する非専門家の組織
【自助グループ（セルフ・ヘルプ・グループ）】

関連用語をおさえよう
まずは☆の単語を優先的に理解しよう。

	コンサルタント	consultant
	コンサルティ	consultee
☆	リエゾン	liaison
☆	エンパワーメント	empowerment
☆	自助グループ	self-help group
☆	アカウンタビリティ	accountability
☆	アドボカシー	advocacy

心理的基礎をもつ苦痛や機能不全を理解，予防，改善し，個人の健康と健全な成長を促進する目的で行われる科学的研究や心理学の適用を行う学問
臨床心理学：clinical psychology

第7章 臨床（原理）

157

7 臨床（原理）

鉄則：総合　難易度：★★☆

63 スクールカウンセラー

school counselor

学習のポイント
- □ 学校教育現場での実践に関する英文の出題数は増加傾向にある
- □ 専門家としての役割を理解しておこう
- ■ 文の構造を把握してから訳すようにしよう

■ 以下の研究の概要を200字程度で述べなさい。

（類題：横浜国立大学大学院教育学研究科学校教育臨床専攻）

　　School-based clinicians have access to the combination of teacher interaction, peer influence, and personal performance efforts and outcomes, all of which offer an insight into a student's perceptions and thought processes that many outside clinicians do not have access to (Mennuti & Christner, in press). We view the school setting as a "natural laboratory" for observing interpersonal dynamics and gathering data about the problems facing students, as well as a "safe" and pure setting for students to "experiment" with newly learned skills from counseling sessions. (1) Often, the problems associated with the generalization of skills learned in counseling or therapy services are that the skills are being taught in a setting far removed from the child's daily environment. Goldstein and Goldstein (1998) noted that for interventions to have the greatest effect, they must be implemented in close proximity to the target behavior. (2) Therefore, offering services within schools rather than in outside settings (e.g., outpatient clinics, inpatient units, etc.) has great advantages, especially given the opportunity for immediate generalization

The use of force or coercion to abuse or intimidate others including verbal harassment or threat, physical assault or coercion and may be directed repeatedly towards particular victims.

解説

(1) 主語は「the problems」。「associated～skills」が「problems」を修飾する分詞であり、「learned～services」が「skills」を修飾する分詞である。続く「are」が動詞となり、「the problems are that～」という**核となる構造**が見える。したがって「問題はthat以下だ。」という訳を中心に、修飾部分を足していくことになる。that節中では、「far removed from ～」が「setting」を修飾している。

(2) 主語は動名詞の「offering」で「提供すること」。直訳すると「サービスを提供すること」となるが、文脈に合わせ

関連用語(まずは*の単語を優先的に理解しよう)

守秘義務	confidentiality obligation
いじめ*	bullying
不登校*	non school attendance
適応指導教室*	adaptation class
特別支援教育*	special needs education
学校心理学	school psychology

て「介入を行うこと」とした。「inpatient units」は訳しにくいが、「outpatient clinic」と対であることに気づけば意味を推測できるだろう。**「Given～」は理由を表す慣用的な分詞構文**であり、「～なので」と訳していくとよい。

following sessions.

(*Cognitive-Behavioral interventions in educational settings 2nd edition*, p.9)

全　訳

　教育現場の臨床家は教師の相互作用、友達の影響、そして個人の努力する力やその結果を総合的に見ていくことができる。そしてこれらの要素によって、彼らは外部の臨床家ではわからない生徒の物事の見方や考え方を深く知ることができる（Mennuti & Christner, in press）。学校は生徒がカウンセリングで学習した新しいスキルを「試す」ことのできる「安全」で純粋な場であるだけでなく、専門家が生徒の対人関係の力動を観察し、生徒の直面している問題に関する情報を集めることができる「自然の観察の場」と考えられる。(1)カウンセリングや心理療法で学習したスキルを般化させようとするとき、子どもの日常的な環境とかけ離れた状況で教えていることがしばしば問題となる。Goldstein and Goldstein（1998）は、介入に最大限の効果をもたせるためには、目標行動により近い状況で行うべきだと主張する。(2)それゆえに、セッションの後すぐに学習したスキルを使うことができるので、外部の施設（たとえば、外来のクリニックや入所施設など）よりも学校の中で介入を行う方が高い効果が出るだろう。

他者を虐待、脅すために力や強制力を働かせること。言語的ないやがらせや脅し、身体的暴行や強制を含み、特定の被害者にくり返し向けられることがある
いじめ：bullying

7 臨床（原理）

64 児童虐待

child abuse

学習のポイント
- [ ] 日常的に耳にする言葉が多いが，学術的な意味を再確認しよう
- [ ] 精神疾患と関連づけた出題もある

■ Deliberate action that is harmful to child's physical, emotional, or sexual well-being.
子どもの身体的，情緒的，あるいは性的な健康にとって有害となる故意の行い 【児童虐待】

■ A passive form of abuse in which a perpetrator is responsible to provide care for a victim, but fails to provide adequate care.
虐待の消極的な形式で，加害者に被害者を世話する責任があるにもかかわらず適切な世話を行わないこと 【ネグレクト】

■ The behavior or tendencies of one generation passing onto the next generation.
次の世代へと引き継がれる一つの世代の行動や傾向 【世代間伝達】

関連用語をおさえよう

まずは☆の単語を優先的に理解しよう。

☆	身体的虐待	physical abuse
☆	心理的虐待	psychological abuse
☆	性的虐待	sexual abuse
☆	ネグレクト	neglect
☆	世代間伝達	intergenerational transmission
☆	DV	domestic violence
☆	家庭内暴力	family violence
☆	共依存	co-dependency

A pattern of behavior which involves the abuse by one partner against another in an intimate relationship such as marriage, cohabitation, dating or within the family.

160

7 臨床（原理）

65 スーパービジョン

supervision

学習のポイント
- 用語説明問題に対応できるようにしておきたい
- 心理専門職の教育と訓練にかかわる用語を整理しておこう

- The relationship focused on the development, enhancement and evaluation of the supervisee's skills, knowledge and behavior in the practice of psychology.
  スーパーバイジーが心理学を実践する上でのスキル，知識，行動の成長，促進と評価に焦点を合わせた関係　　　　　　　　　　【スーパービジョン】

- A group of people who meet, usually with a trained leader, to increase self-awareness and social sensitivity, and to change behavior through interpersonal confrontation, self-disclosure, and strong emotional expression.
  人との対立，自己開示，強い情動表現を通して，自己への気づきや社会への感受性を高め，行動を変容させるために，訓練されたリーダーとともに集まる人々のグループ　　　　　　　　　　　　　　【エンカウンターグループ】

- A methodology for teaching basic counseling and interviewing skills.
  基本的なカウンセリングや面接の技能を教授する方法論
  【マイクロカウンセリング】

関連用語をおさえよう
まずは☆の単語を優先的に理解しよう。

☆	スーパーバイザー	supervisor
☆	スーパーバイジー	supervisee
☆	エンカウンターグループ	encounter group
☆	マイクロカウンセリング	micro counseling
☆	教育分析	training analysis

 結婚，同棲などの親密な関係において，一人のパートナーからもう一方のパートナーへなされる虐待を含む行動様式
DV：domestic violence

161

66 局所論と構造論

topography / structural theory

学習・読解のポイント
- □ 長文としては，構造論の出題頻度の方が高いため要対策
- □ 精神分析関連の英文では頻出の用語が多いため，しっかり覚えること
- ■ 1文1文が非常に長いため解く前に構造を把握するように

■ 下線部を訳しなさい。

(1) <u>Freud discovered that his iceberg model was too simple to describe the human personality, so he went on to develop a structural model, which divided personality into three major systems that interact to govern human behavior: the **id**, the **ego**, and the **superego**.</u> (中略)

(2) <u>The three components of personality are often in conflict: the ego postpones the gratification that the id wants immediately, and the superego battles with both the id and the ego because behavior often falls short of the moral code it represents.</u> In the well-integrated personality, the ego remains in firm but flexible control; the **reality principle** governs. (3) <u>In terms of his earlier iceberg model, Freud proposed that all of the id and most of the ego and superego are submerged in the **unconscious** and that small parts of the ego and superego are in either the **conscious** or the **preconscious**.</u>

(*Atkinson & Hilgard's Introduction to Psychology* 15th edition, p.467-468)

The unconscious mechanism whereby unacceptable impulses or memories were kept hidden from awareness.

解説

(1)「too ～ to …」で「～すぎて…できない」。「, which ～」は**関係代名詞の非制限用法**で，直前の「a structural model」に補足的な説明を加えている。「**divide into ～**」で「～に分ける」。「three major systems」の**具体的内容がコロンの後に示されている**。長い1文であるため3つに分けて訳した。

(2) ここでも「conflict」の**具体的内容がコロンの後に詳述されている**。そこで「the ego ～」と「the superego ～」の2文が「and」で結ばれている。1文目ではthat 以降が「gratification」を修飾する**関係代名詞節**。2文目では，「**battle with ～**」で「～と戦う」。「～」の部分には「**both A and B**」で「AとBのどちらも」という表現がある。「**fall short of**」で「不足する，満たさない」。

(3)「**in terms of ～**」で「～の点から」。「Freud proposed that ～ and that…」と

関連用語 (まずは*の単語を優先的に理解しよう)

フロイト*	Freud, S.
意識*	consciousness
前意識*	preconscious
無意識*	unconscious
心的外傷*	trauma
抑圧*	suppression
イド*	id
快楽原則	pleasure principle
自我*	ego
現実原則	reality principle
超自我*	superego
道徳原則	moral principle

いう形で「フロイトは～，そして…と提案した」。1つ目のthat 節の中の主語がわかりづらいので注意。「all of ～」と「most of ～」，さらに「the ego」と「superego」が並列されている。「**either A or B**」で「AかBかどちらか」。

全訳

(1) **フロイト**は，自分の氷山モデルが単純すぎて人の**人格**を表現しきれないと考え，構造モデルを生み出すに至った。このモデルでは，人格を，人の行動を左右するために相互に作用しあう3つの主たるシステムに分けている。それらのシステムとは，**イド**，**自我**，**超自我**である。（中略）

(2) その人格の3要素はしばしば葛藤を起こす。自我はイドが即時に求めている充足を延期し，超自我は，ある行動が，超自我が示す道徳規則を満たさないからといってイドや自我と争う。よく統合された人格では，自我は，強固だが柔軟なコントロールを保つ。つまり**現実原則**が統治するのである。(3) 彼の初期の氷山モデルの観点から，フロイトはイドのすべてと，自我，超自我のほとんどが**無意識**下にあり，自我，超自我のほんの一部が**意識**，あるいは**前意識**にあると提案した。

受容されない衝動や記憶が，意識から追放される無意識のメカニズム

抑圧：repression

67 エディプス・コンプレックス
Oedipus complex

学習・読解のポイント
- □ 以下の英文の内容を理解できていれば十分である
- ■ 長い１文に困ったら，鉄則10を思い出して解こう

■ 下線部を訳しなさい。

　Around the age of 5 or 6, according to **Freud**, a boy's **sexual impulses** are directed toward his mother. (1) <u>This leads him to perceive his father as a rival for his mother's affection.</u> Freud called this situation the **Oedipal conflict,** after the ancient Greek myth in which Oedipus unwittingly kills his father and married his mother. Freud also believed that the boy fears that his father will retaliate against these sexual impulses by castrating him. He labeled this fear **castration anxiety** and considered it to be the prototype for later anxieties provoked by forbidden internal desires. (2) <u>In a normal case of development, the boy simultaneously reduces this anxiety and vicariously gratifies his feelings toward his mother by identifying with his father – that is, by internalizing an idealized perception of his father's attitudes and values.</u> The same process in a girl – resulting in her identifying with her mother – is analogous but more complicated.

　Resolution of the Oedipal conflict ends the **phallic stage**, which is followed by the latency period. (3) <u>During this sexually quiescent time, which lasts from about age 7 to age 12, children become less concerned with their bodies and turn their attention to the skills needed for coping with their environment.</u> Finally, **adolescent** and **puberty** usher in the **genital stage**, the mature phase of adult sexuality and functioning.

(*Atkinson & Hilgard's Introduction to Psychology* 15th edition, p.471-472)

Occurring in the phallic stage, a conflict in which the child is sexually attracted to the opposite-sex parent and feels hostility toward the same-sex parent.

解説

(1)「lead 〜 to…」で「〜を…に導く」。意訳をして「これにより，男児は…するようになる」とした。さらに，「his, him」は前文の「boy's」のこと。「男児」というように，**代名詞の内容を明確にした方が良い訳**になる。

(2) 主語は「the boy」。その後「reduces」と「gratifies」という2つの動詞が「and」で結ばれている。さらに「by 〜」に関して，**ダッシュの後に言い換え**がなされている。「that is,」は「つまり」。「by 〜 - that is, by …」で「〜によって，つまり…によって」と訳した。

(3)「, which」は**関係代名詞の非制限用法**。直前の「time」に補足説明を加えているように訳す。主語は「children」で，「become」と「turn」という2つの動詞が並列。「**concern with 〜**」で「〜に関わる」。「**needed 〜**」は直前の「skills」を修飾する分詞句。「**cope with 〜**」は「〜に対処する」。

関連用語 (まずは*の単語を優先的に理解しよう)

フロイト*	Freud, S.
ユング*	Jung, C. G.
去勢不安	castration anxiety
超自我*	superego
性役割	sex role
エレクトラ・コンプレックス*	Electra complex

全訳

フロイトによれば，5，6歳ころ，男児の**性的衝動**は母親に向けられる。(1)これによって，男児は父親のことを，母親の愛情をめぐるライバルとみなすことになる。フロイトはこの状況を，エディプスが知らずに父親を殺し，母親と結婚したという古代ギリシャの伝説にちなんで，**エディプス・コンプレックス**とよんだ。フロイトは，男児がこの性的衝動に対して父親が去勢することで報復してくるだろうと恐れているとも考えた。彼はこの恐怖を**去勢不安**と名づけ，後に禁じられた内的願望をもつことで生じる不安の原型になると考えた。(2)通常の発達においては，男児は同時にこの不安を減じ，父親を同一化することによって（つまり父親の態度や価値観を理想的なものとして内化することによって），この母親に対する感情を代理的に充足させるのである。女児における同様の過程（母親を同一化する）は，男児のそれと類似しているがより複雑である。

エディプス葛藤の解消によって**男根期**は終わりを迎え，その後潜伏期に入る。(3)この性的に静止した期間は7歳から12歳頃まで続くが，この間子どもたちは，自分の体にあまり関心をもたなくなり，その注意力を，環境にうまく対応するために必要となる技術へと向けていく。最終的に**青年期**や**思春期**が，性的関心や機能の成熟した段階である**性器期**の到来を告げる。

子どもが異性の親に惹かれ，同性の親に敵意を感じるという，男根期に生じる葛藤
エディプス・コンプレックス：Oedipus complex

7 臨床（原理）

68 防衛機制

defense mechanism

学習のポイント
- □ 以下にあげる防衛機制の名称，内容を確実に理解しておくこと
- □ 英語で書けるようにしておくことが望ましい

■ Strategies that people use to deal with anxiety, which are largely unconscious.
　人が不安に対処するために使用する，おおむね無意識の方略　　【防衛機制】

＜主な防衛機制＞

反動形成 reaction formation	the converting of unwanted or dangerous thoughts, feelings or impulses into their opposites. 望ましくない危険な思考，感情，衝動を逆のものに変換すること
投影 projection	attributing their own thoughts, feeling and motives to another person. 自分の思考，感情，動機を他者に帰属すること
同一化 identification	the unconscious modeling of one's self upon another person's character and behavior. 他者の特性や行動を無意識に手本にすること
合理化 rationalization	the cognitive distortion of "the facts" to make an event or an impulse less threatening. 出来事や衝動をそれほど害のないものにするための事実の認知的歪み
知性化 intellectualization	concentrating on the intellectual components of a situation. その状況の知的構成要素に集中すること
退行 regression	the reversion to an earlier stage of development. 発達の前段階に逆戻りすること
否認 denial	refusal to accept external reality. 外界の現実を受け入れないこと
昇華 sublimation	transformation of negative emotions or instincts into positive. 負の情動や直感を正に転換すること
補償 compensation	compensating a perceived deficit by skills or success in another area. 認識した不足を多領域のスキルや成功で埋め合わせること

用語Q A psychologist who created some of the best known psychological concepts including the collective unconscious and the archetype.

7 臨床（原理）

69 集合的無意識

collective unconscious

学習のポイント
- □ フロイト以降の精神分析学派について名称，人名を覚えること
- □ 以下にあげる代表的な元型は正しく書けるように

■ In Jung's theory, the most inaccessible layer of the unconscious, which contains the universal experiences of humankind.
ユングの理論に登場する，人類の普遍的経験を含む，最も到達しにくい無意識の層　　　　　　　　　　　　　　　　　　　【集合的無意識】

■ Patterns and images that derive from the collective unconscious.
集合的無意識に由来するパターンやイメージ　　　　　　【　元　型　】

＜代表的な元型＞

アニマ	anima	アニムス	animus
グレートマザー	great mother	老賢人	old wise man
ペルソナ	persona	シャドウ	shadow

関連用語をおさえよう
まずは☆の単語を優先的に理解しよう。

☆	分析心理学	analytical psychology
☆	元型	archetype
	個人的無意識	personal unconscious
	個人心理学	individual psychology
	自我心理学	ego psychology
	自己心理学	self-psychology
	新フロイト派	neo-Freudians

第7章　臨床（原理）

集合的無意識や元型といった，よく知られる心理学の概念を創り出した心理学者
ユング：Jung

167

70 対象関係論

object relations theory

学習・読解のポイント
- □ 難しい概念が多いため，まずは日本語でしっかり理解を
- ■ 長すぎる文は，カッコを利用したり2文に分けたり，訳に工夫を

■ 下線部を訳しなさい。

More recent **psychoanalytic theorists** all place greater emphasis on the role of the **ego**. (1) They believe that the ego is present at birth, develops independently of the **id**, and performs functions other than finding realistic ways of satisfying id **impulses**, including learning how to cope with the environment and making sense of experience. Ego satisfactions include exploration, manipulation, and competence in performing tasks. This approach ties the concept of the ego more closely to **cognitive processes**.

An important part of this new direction is **object relations theory**, which deals with a person's **attachments** and relationships to other people throughout life. (2) Object relations theorists have not rejected the concept of the id or the importance of biological **drives** in motivating behavior, but they have an equal interest in such questions as degree of psychological separateness from parents, degree of attachment to and involvement with other people versus preoccupation with self, and the strength of the individual's feelings of **self-esteem** and competence.

(*Atkinson & Hilgard's Introduction to Psychology 15th edition*, p.473)

An outgrowth of psychoanalytic theory that deals with the person's attachments to others over the course of development.

解説

(1)「believe」の目的語として that 節がある。この節内の主語は「the ego」で、後ろに動詞が3つ並列されている(「is ～, develops ～, and performs ～」)。「other than ～」で「～以外にも」と訳す。「including」以降はイドの充足以外の自我の働きについて例が示されている。「～など」として訳に入れてもよいが、解答例に示すようにカッコに入れてしまってもかまわない。なお、同形同類の「learning ～」と「making ～」が「and」によって並列されている。

(2) 非常に長い1文であるため、**接続詞に着目してまず2文に分けてから**訳そう。今回は「but」によって2つの文が結ばれているため、ここで切るのがよいだろう。前半では「the concept ～」と「the importance ～」が並列されている。後半では「as」以降、「degree ～, degree ～, and the strength ～」と3つの名詞句が並列されている。「such ～ as…」で「…のような～」と訳そう。

関連用語 (まずは*の単語を優先的に理解しよう)

クライン*	Klein, M.
妄想分裂ポジション*	paranoid-schizoid position
抑うつポジション*	depressive position
部分対象	part object
全体対象	whole object
原始的防衛機制*	primitive defense mechanism
投影性同一視	projective identification
理想化	idealization
脱価値化	devaluation
分裂	splitting

全訳

最近の**精神分析理論家**は皆、**自我**の役割をより重視している。(1) 彼らは自我が生まれつき存在するもので、**イド**とは独立に発達し、そしてイドの**衝動**を充足させる現実的な方法を見つける以外の働き(環境にどう対処するかを学んだり、経験を意味づけたり)もすると考える。自我の充足とは、課題の実行における探求、操作、そして能力を含む。このアプローチは、自我の概念と**認知的過程**をより密接に結びつける。

この新しい方向性の重要な部分を成すのが**対象関係論**である。対象関係論は、人生を通じての**愛着**と他者との関係について扱う。(2) 対象関係論者は、イドの概念や、行動の動機づけにおける**生物学的動因**の重要性を否定しているわけではない。ただ、親からの心理的分離の度合いや、自己への没頭と比較した際の他者への愛着やかかわり合いの度合い、そして**自尊感情**や有能感の強さといったことについても、同等の関心を抱いているのである。

精神分析学から派生した理論で、発達上の他者との愛着を扱う理論
対象関係論:interpersonal theory

その他の用語

	実践家	practitioner
	教育者	educator
	危機介入	crisis intervention
	即時性	immediacy
☆	予防	prevention
☆	協働	collaboration
	ソーシャルサポート	social support
	利用しやすさ	accessibility
	間接的援助	indirect support
	カウンセリング心理学	counseling psychology
☆	心理社会的問題	psychosocial problem
	学校恐怖症	school phobia
	児童相談所	child consultation (guidance) center
☆	キャプラン	Caplan, G.
	人間環境適合性	person-environment fit
	コミュニティ	community
☆	コンピテンス（有能性）	competence
	公衆衛生	public health
	臨床例	clinical case
	プライバシー	privacy
	匿名性	anonymity
	心的装置	mental apparatus
	備給	cathexis
	個性化	individuation
	相補性	complementarity
☆	自己愛	narcissism
	母性・父性原理	maternal / paternal principle
☆	移行対象	transitional object
	移行領域	transition zone

☆印の単語は，英語で書けるようにしておこう

Clinical Psychology (Assessment)

第8章

臨床（査定）

•••••▶ 傾向と対策

　心理臨床で最も大切なのは，**クライエントの状態を正確に査定する**ことである。正確な査定があって初めて，その後の解決に向けた道筋が見えてくる。適切な介入を可能にするために，問題の性質やその背景となる要因，形成過程などを明らかにしていくのが心理アセスメントの目指すところといえるだろう。

　本章では，査定とそのためのツールとなる心理検査について扱う。入試英語では，**例年事例を用いた問題が多く見られる**。たとえば，カウンセリングの様子が描かれた長文が出題され，その上で「どのような障害の可能性があるか」や，「あ

なたならどのように対応するか」といった問いが立てられる。**英語を読み取る力に加え，心理学的知識が問われる問題**であり，普段からそうした視点をもって事例にふれておく必要がある。

　73以降，個々の査定ツールについてもそれぞれに特徴を把握しておきたい。**出題頻度としては，描画法と投影法に関する英文が高い**が，研究論文からの長文出題には，あらゆる方法が含まれうる。頻出単語，表現についておさえておくことで，用いられた方法をしっかりと読み取れるようにしておこう。

NO	出題頻度	用語	
71	B	インテーク面接	intake interview
72	A	アセスメント	assessment
73	B	質問紙法	questionnaire method
74	A	投影法（投映法）	projective technique
75	A	描画法（描画投影法）	drawing test
76	C	作業検査法	performance test

出題頻度は，長文問題としての出題のされやすさを表します（A＞B＞C）。

71 インテーク面接

intake interview

学習・読解のポイント
- □ 面接の事例が長文として出題されることは多い
- ■ 特別な訳仕方をする英語表現，省略，並列構造を見抜こう

■ 下線部を訳しなさい。

（類題：平成 21 年度　大妻女子大学大学院 人間関係学研究科）

(1) <u>Those who seek help are often concerned about others' finding out that they have a **psychological problem**.</u> Information about mental problems needs to be kept within the family in order to protect the individual's career choices, likelihood of promotion, and even the marriage prospects of other family members. As a result, the assistance of mental health professionals is often sought only after the problem has become quite grave. (2) <u>Some **clients** seek services at facilities that are far from their homes. Others request that all contact with the counseling service be maintained through their personal mobile phone to conceal the fact that they receive therapy from family members.</u>

(3) <u>Many Japanese people initially contact medical doctors for **psychosomatic** complaints such as lowered concentration, chronic fatigue, sleep disturbances, and suppressed appetite even when their problems are **psychological** in nature.</u> After medical problems are ruled out, patients are sent to *shinryo naika* or a clinic of psychosomatic medicine. A diagnosis of *jiritsu shinkei shitchosho* (imbalance in the functioning of the autonomic nerve) is often conferred to patients even when they are suffering psychological disorders such as **mood disorders**,

The most common type of interview in clinical psychology that occurs when a client first comes to seek help from a clinician.

解説

(1)「**Those (people) who seek help**」は，「who」以降が「those」を修飾し，「助けを求める人々」という主語になる。「**be concerned about ~**」は「~を心配している」という熟語。「about」の後に，動名詞「finding」の意味上の主語である「others'」が置かれている。このように，**動名詞の意味上の主語は所有格の形で置かれる**ことに注意。訳は，「他人に知られること」とした。

(2)「**Some A. Others B.**」というように2文に分かれているが，「Aの人もいれば，Bの人もいる。」と訳そう。2文目の動詞「request」の目的語がthat節になっている。その中の動詞が「be maintained」と，

関連用語 (まずは*の単語を優先的に理解しよう)

主訴	chief complaint
インフォームド・コンセント*	informed consent
リファー*	refer
ラポール*	rapport

be動詞が原形で使われていることから，「be」以前に**助動詞の省略**があることに気づきたい。「that以下を要求する」という全体の意味から，「should」が省略されていると考えるのが妥当だろう。

(3)「psychosomatic complaints」の例として「such as」以降に4つの症状が並列されている。「**even when ~**」は「~の時でさえ」という従属節。「**in nature**」は「本質的に」という熟語。

anxiety disorders, and even **personality disorders**.

(*Journal of Psychotherapy Integration*, 18, 1. p.103-125)

全訳

(1) 治療を受けにくる人は，自分が**心理的な問題**をもっていることを他人に知られることをよく心配している。個人の職業選択，昇進の可能性，そして家族の結婚可能性を守るため，精神的な問題については家族内の秘密にしておく必要があるのだ。その結果，問題がかなり深刻になってからようやく精神衛生の専門家の助けを求めることがよくある。(2) 自分の家から遠くにある専門機関を探す**クライエント**もいれば，家族に治療を受けていることを隠すため，連絡を取るときは必ず自分の携帯電話にかけてくるように要求するクライエントもいる。

(3) 多くの日本人は，自分の問題が本質的には**心理的**な問題である時でさえ，集中できない，いつも疲れている，眠れない，食欲がないなどという**心身の不調**を訴えて，まずは内科医を訪れる。医学的な問題が除外されると，患者は心療内科や精神科クリニックに紹介される。彼らは**気分障害**や**不安症**，時にはパーソナリティ障害などの精神障害である場合でさえ，しばしば自律神経失調症（自律神経の機能不全）と診断されてくる。

クライエントが初めて臨床家に援助を求めてやってくるときになされる，臨床心理学で最も一般的な形式の面接
インテーク面接：intake interview

8 臨床（査定）

72 アセスメント

assessment

学習のポイント
- [ ] いずれの方法も頻出
- [ ] 子どものアセスメントに関する英文出題も多い

■ The process of systematically gathering information about a person in relation to his or her environment so that adequate decisions can be made.
適切な判断をするために，クライエントの環境について系統的に情報を収集する過程　　　　　　　　　　　　　　　　　　　　【アセスメント】

■ A method of gathering information where questions are asked by the **interview**er to elicit facts or statements from the **interview**ee.
面接を受ける人から事実や供述を引き出すために，インタビュアーから質問がなされる情報収集の方法　　　　　　　　　　　　　【　面接法　】

■ Observing behavior in real life situations or in a laboratory, without any change of the independent variables.
日常生活の中，あるいは実験室で，独立変数を操作することなく行動を観察すること　　　　　　　　　　　　　　　　　　　　【　観察法　】

■ A wide range of diagnostic instruments that are designed to help therapists get a more complete picture of their clients' mental health.
セラピストがクライエントの精神的健康についてより詳しく把握できるように作られた，幅広い診断的道具　　　　　　　　　　　【心理検査法】

関連用語をおさえよう
まずは☆の単語を優先的に理解しよう。

☆	面接法	interview method
☆	観察法	observational method
☆	心理検査法	psychological testing
☆	テスト・バッテリー	test battery

 Any technique used to get information from people directly.

8 臨床（査定）

73 質問紙法

questionnaire method

学習のポイント
- [ ] 有名な尺度は名称，測定内容を覚えておこう
- [ ] 測定の仕方，結果の示され方，グラフの読み取り方などを知っておくことで長文読解のヒントになる

■ A research method for gathering information from respondents, using a series of questions.
一連の質問を用いて，回答者から情報を収集する研究方法 【 質問紙法 】

■ One of the most frequently used personality tests in mental health developed by Hathaway and McKinley that assesses personality structure and psychopathology.
ハザウェイとマッキンレイにより開発された，性格の構造や精神病理を評価する，精神的健康領域でもっとも頻繁に用いられる性格検査の1つ
【 ミネソタ多面的人格目録（MMPI） 】

関連用語をおさえよう

まずは☆の単語を優先的に理解しよう。

☆	ミネソタ多面的人格目録（MMPI）	Minnesota Multiphasic Personal Inventory
☆	矢田部－ギルフォード性格検査	Yatabe-Guilford personality inventory
☆	モーズレイ人格目録（MPI）	Maudsley Personality Inventory
☆	EPPS性格検査	Edwards Personal Preference Schedule
☆	顕在性不安検査（MAS）	Manifest Anxiety Scale
☆	状態－特性不安検査（STAI）	State-Trait Anxiety Inventory
☆	ベック抑うつ質問紙（BDI）	Beck Depression Inventory
	項目	item
	自己報告	self-report
	～件法	～ point scale

用語
直接的に人から情報を得る技法
自己報告：self report

74 投影法（投映法）

projective technique

学習・読解のポイント
- □ 長文としての出題頻度は比較的高い
- □ 実際の図版を見て，具体的なイメージとともに読むようにすること

■ 下線部を訳しなさい。

Personality psychologists who follow in **Freud**'s **psychoanalytic** tradition are particularly interested in assessing **unconscious** wishes, **motivations**, and **conflicts**. Accordingly, they prefer tests that resemble Freud's technique of **free association**, in which the individual is free to say whatever comes to mind. For this reason, they developed **projective tests**. A projective test presents an ambiguous stimulus to which the person may respond as he or she wishes. (1) Because the stimulus is ambiguous and does not demand a specific response, it is assumed that the individual projects his or her personality onto the stimulus and thus reveals something about himself or herself. (中略)

The **Rorschach Test**, developed by the Swiss psychologist **Hermann Rorschach** in the 1920s, is a series of 10 cards, each of which displays a rather complex inkblot. Some of the blots are in color; some are black and white. The person is instructed to look at one card at a time and report everything the inkblot resembles. (2) After the person has finished the 10 cards, the examiner usually goes over each response, asking the person to clarify some responses and indicate which features of the blot gave a

A personality test in which people respond to inkblots, drawings of ambiguous human situations, incomplete sentences, and the like by projecting their own inner thoughts, feelings, fears, or conflicts onto the test materials.

解説

(1) Because 節の中で、「is ambiguous」と「does not ~」が並列されている。また主節の主語「it」は形式主語であり、真の主語は「that~」となる。that 節の中では、「projects~」と「thus reveals~」が並列されている。

(2)「asking~」は分詞構文であり、もとの形は「and the examiner asks」。続けて訳すと非常に長い文になるため、分詞構文の前で一度切り、接続詞を補って訳すとよい。「asking」以降は「ask 人 to~」

で「人に~することを求める」という訳を中心に、「clarify」と「indicate」の並列関係をしっかりおさえた訳を作ろう。なお、本文中の「person」に対する訳は「人」とすると不自然である。ここでは投影検査を受ける人であることが明らかなため、被検査者とした。

関連用語 (まずは*の単語を優先的に理解しよう)

ロールシャッハテスト*	Rorschach technique
主題統覚検査 (TAT)*	thematic apperception test
P-Fスタディ*	picture-frustration study (P-F study)
文章完成法 (SCT)*	sentence-completion test
対称的なインクのシミ	symmetrical inkblot

particular impression.

(*Atkinson & Hilgard's Introduction to Psychology 15th edition*, p.473-474)

全訳

フロイトの精神分析学的な伝統を継ぐ人格心理学者は、無意識の願望、動機づけ、そして葛藤を査定することにとくに関心をもつ。よって彼らは、心に浮かんだことを何でも話すというフロイトの自由連想法に似た検査を好む。このような理由で彼らは投影検査法を作り出した。投影検査法では、被検査者が望むままに反応できる曖昧な刺激を見せる。(1)刺激が曖昧で特定の反応を求めないために、被検査者は自分の人格をその刺激に投影し、それゆえに自分自身に関することを明らかにすると仮定される。(中略)

スイスの心理学者であるヘルマン・ロールシャッハによって1920年代に作られたロールシャッハテストは、やや複雑なインクのしみが示された10枚のカードである。カードのしみには色があるものもあれば、白黒のものもある。被検査者は一度に1枚のカードを見て、そのインクのしみが似ているすべてのものを報告するように指示される。(2)10枚のカードに答え終わったら、検査者は通常個々の反応を読み返す。そして被検査者に対していくつかの反応について明確にし、しみのどの部分が特別な印象を与えたのか述べるように求める。

自身の思考、感情、恐れ、葛藤をテスト材料に投影することで、インクのシミや、曖昧な状況の描画や、未完成の文章などに反応する人格検査
投影法 (投映法)：projective technique

第8章 臨床（査定）

8 臨床（査定）

75 描画法（描画投影法）

drawing test

学習のポイント
- [ ] 各テストの名称と，描かせる内容を一致させておこう
- [ ] 実際の描画を見て，イメージをもっておくとよい
- [ ] 子どもを対象にした事例が多く見られる

■ A method of finding out what it says about the client's personality from his or her drawings.
クライエントが書いた画から，そのクライエントの性格について明らかにしようとする方法 　　　　　　　　　　　【　描画法　】

■ A projective tree drawing **test** that requiring the subject to draw a fruit tree, is meant as a diagnostic tool to **test** intelligence and personality.
知能や性格を検査する診断ツールで，クライエントに実のなる木を一本描くことを求める描画投影法 　　　　　　【バウムテスト】

■ A test that provides a measure of a self-perception and attitudes by requiring the **test** taker to draw a house, a tree, and a person.
被検査者に家屋と樹木，人物を描かせることで，自己認知と態度についての尺度を提供する検査 　　　　　　　【HTPテスト】

関連用語をおさえよう
まずは☆の単語を優先的に理解しよう。

☆	バウムテスト	baum test
☆	HTPテスト	house tree person test
	動的家族画	kinetic family drawings (KFD)
	風景構成法	landscape montage technique

A projective diagnostic technique in which an individual is instructed to draw a person, an object, or a situation, so that cognitive, interpersonal, or psychological functioning can be assessed.

76 作業検査法

performance test

学習のポイント
- □ 長文問題ではほとんど出題されたことがない
- □ どのような場合に用いられるメリットがあるのか知っておこう

■ A test requiring little or no use of language, the test materials being designed to elicit manual or behavioral responses.
手を使う反応や，行動的な反応を引き出すためにデザインされた，言語をほとんどあるいはまったく使わない検査　　　　　　　　　　　【作業検査法】

■ A questionnaire modified from the Kraepelin's arithmetic test, which measures the ability of takers on task performance speed and task performance accuracy and the results of the test provide an estimate of the individual's character.
クレペリンの計算テストを改訂したもので，受験者の課題遂行スピードと正確さを測定し，結果から個人の特性を推定することができる質問表
【内田クレペリン精神作業検査】

■ A psychological test used to evaluate visual-motor functioning, visual-perceptual skills, neurological impairment, and emotional disturbances.
視覚運動機能，視知覚スキル，神経の障害，情緒の障害を評価するために使用される心理学検査　　　　　　　　　　【ベンダー・ゲシュタルト・テスト】

関連用語をおさえよう
まずは☆の単語を優先的に理解しよう。

☆	内田クレペリン精神作業検査	Uchida-Kraepelin psych diagnostic test
☆	ベンダー・ゲシュタルト・テスト	Bender Gestalt Test
	単純作業	simple work
	適性検査	aptitude test

用語A　認知的，対人的，心理的な機能を査定するため，人，物，あるいは状況を描くように，個人に教示する投影的診断技法
動的家族画：kinetic family drawings

その他の用語

		方法論	methodology
☆		面接者	interviewer
☆		被面接者	interviewee
☆		構造化面接	structured interview
☆		半構造化面接	semi-structured interview
☆		非構造化面接	unstructured interview
		開かれた質問・閉ざされた質問	open / closed question
☆		評価	evaluation
		終結	termination
		言語的コミュニケーション	verbal communication
		非言語的コミュニケーション	non-verbal communication
		自然観察法	naturalistic observational method
		実験観察法	experimental observational method
		参与観察	participant observation
		時間見本法	time sampling method
		事象見本法	event sampling method
		場面見本法	situation sampling method
☆		正確さ	accuracy
☆		質的データ	qualitative data
☆		量的データ	quantitative data
☆		個人差	individual difference
		個人間変化	inter-individual change
		個人内変化	intra-individual change
☆		調査	survey

☆印の単語は，英語で書けるようにしておこう

Clinical Psychology (Symptoms)

臨床（症状）

第9章

⋯⋯▶ 傾向と対策

　本章では，入試英語において最も出題率の高い精神障害について，実際の過去問題を中心に紹介する。精神障害の中でもとくに，**うつ病・双極性障害と不安症・強迫症に関する英文は頻出**である。また，DSMの改定を受けて，今後**発達臨床心理学分野からの出題が増加することが予想される**。これまでも自閉症関連の問題は毎年のように見られたが，DSMの改訂箇所を中心にさらなる対策を要するだろう。

　「原因」，「症状」，「援助」の観点から把握する精神障害であるが，**入試英語の長文で最もよく出題されるのは「症状」についての英文**であろう。とくに，**事例に関する英文は近年増加傾向にある**。どのような障害の可能性が考えられるか，問題文中に記された症状から読み取れるようにしておきたい。そのためにまず，**概論書を片手に，土台となる知識固めからはじめよう**。そのうえで，本章の過去問題にチャレンジしてほしい。

NO	出題頻度	用語	
77	C	病態水準	level of psychopathology
78	B	DSM	Diagnostic and Statistical Manual of Mental Disorders
79	B	統合失調症	schizophrenia
80	A	うつ病・双極性障害	major depressive disorder / bipolar disorder
81	A	不安症・強迫症	anxiety disorder / obsessive-compulsive disorder
82	A	PTSD	post traumatic stress disorder
83	C	身体症状症および関連症群	somatic symptom and related disorders
84	C	解離症	dissociative disorder
85	A	摂食障害	eating disorder
86	A	パーソナリティ障害	personality disorder
87	A	自閉スペクトラム症	autism spectrum disorder
88	B	限局性学習症, 注意欠如・多動症	specific learning disorder / attention deficit hyperactivity disorder

出題頻度は，長文問題としての出題のされやすさを表します（A＞B＞C）。

9 臨床（症状）

77 病態水準

level of psychopathology

学習のポイント
- □ カーンバーグの分類を理解しておこう
- □ それぞれの水準について，例となる障害を覚えておくこと

■ Kernberg's model of personality describes 3 personality organizations —psychotic, borderline, and neurotic—each of which has specific characteristics in terms of relationship schemas, defense mechanisms, identity diffusion, and reality testing.
カーンバーグのパーソナリティモデルは，関係スキーマ，防衛機制，同一性拡散，現実検討能力の観点でそれぞれ特徴をもつ，3つの人格構造（精神病，境界例，神経症）を示している　　　　　　　　　　　　【 病態水準 】

	神経症レベル	境界例レベル	精神病レベル
現実検討能力	高	⇔	低
同一性統制度	高	⇔	低
防衛操作	高	⇔	低

関連用語をおさえよう
まずは☆の単語を優先的に理解しよう。

☆	カーンバーグ	Kernberg, O
☆	神経症レベル	neurosis level
☆	境界例レベル	borderline level
☆	精神病レベル	psychosis level
	現実検討能力	adequacy of reality testing
	同一性統制度	degree of identity integration
	防衛操作	defensive operations
☆	原始的防衛機制	primitive defense mechanisms

Immature defense mechanisms, such as denial, primitive idealization, projection, and regression.

9 臨床（症状）

78 DSM（精神障害の診断と統計のマニュアル）
Diagnostic and Statistical Manual of Mental Disorders

学習のポイント
- [ ] 第5版の改定箇所（とくに発達障害）は要注意
- [ ] DSMは症候論に基づいた診断基準

■ The classification of mental disorders used by most mental health professionals in the United States.
アメリカのメンタルヘルスにかかわるほとんどの専門家によって用いられる精神病の分類　　【　DSM　】

■ The study of the causation of diseases and disorders as a subject of investigation.
調査対象として病気や障害の原因を探る研究　　【　病因論　】

■ The study of symptoms or the combined symptoms of a particular disease.
特定の病気の症状や症状の組み合わせについての研究　　【　症候論　】

■ A medical classification list by the World Health Organization (WHO) to classify morbidity and mortality data.
疾病率と死亡率に関するデータを分類するためのWHOによる疾病分類リスト　　【　ICD　】

関連用語をおさえよう
まずは☆の単語を優先的に理解しよう。

	アメリカ精神医学会	American Psychiatric Association
☆	病因論	etiology
☆	症候論	semiology
	外因性	exogenous
	内因性	endogenous
	心因性	psychogenic
☆	操作的診断基準	operational diagnostic criteria
☆	ICD（国際疾病分類）	International Classification of Diagnoses

否認，原始的理想化，投影，退行といった未成熟な防衛機制
原始的防衛機制：primitive defense mechanisms

第9章 臨床（症状）

183

79 統合失調症

schizophrenia

学習・読解のポイント
- □ 長文としての出題頻度は相対的にみて低い
- □ 原因より，症状に関して理解しておこう
- ■ 1文が長いため，文の構造をしっかりとらえてから訳したい

■ 下線部を訳しなさい。

　In addition to disorganized **thought** processes, people with **schizophrenia** experience disturbances in the content of thought. Most individuals suffering from schizophrenia show a lack of **insight**. (1) When asked what is wrong or why they are hospitalized, they seem to have no appreciation of their condition and little realization that their behavior is unusual. They are also subject to **delusions**, **beliefs** that most people would view as misinterpretations of reality. The most common delusions are beliefs that external forces are trying to control one's thoughts and actions. (2) These delusions of influence include the belief that one's thoughts are being broadcast to the world so that others can hear them, that strange thoughts (not one's own) are being inserted into one's mind, or that feelings and actions are being imposed on one by some external force. (3) Also frequent are beliefs that certain people or certain groups are threatening or plotting against one (**delusions of persecution**). Less common are beliefs that one is powerful and important (**delusions of grandeur**).

(*Atkinson & Hilgard's Introduction to Psychology 15th edition*, p.559)

A severe psychological disorder characterized by loss of contact with reality, hallucinations, delusions, inappropriate or flat affect, and so on.

解説

(1) 接続詞「When」が残った分詞構文。もとは「When they are asked」だったと考えられる。目的語として「what ～」と「why ～」が並列されている。主節の目的語「no ～」と「little ～」も並列の関係にある。さらに関係代名詞のthat節が直前の「realization」を修飾している。

(2) 「the belief」を修飾するthat節が、「A, B, or C」の形で3つ結ばれている。したがって、「A, B, あるいはCといった信念」と訳そう。また、Aに該当する部分の「so that」は結果を表す。

(3) この2文はどちらも倒置を起こしている。「Also frequent」も「Less common」も形容詞であり、通常主語になることはできない。そのことに気づけば、動詞の後に続く部分を主語として正しく訳すことができるだろう。

関連用語（まずは*の単語を優先的に理解しよう）

陽性症状*	positive symptom
陰性症状*	negative symptom
解体症状*	disorganized symptom
妄想型	paranoid type
解体型	disorganized type
緊張型	catatonic type
二重拘束説*	double bind theory
脆弱性ストレスモデル*	diathesis-stress model
ドーパミン仮説*	dopamine hypothesis

全訳

統合失調症の人は秩序立たない思考過程に加え、思考の内容にも障害をもつ。統合失調症を患う人の大半には、洞察の欠如が見られる。(1) 何が問題なのか、何故入院させられているのかを問われても、彼らは自分の状態についてまったく理解しておらず、自分の行動の異常さにもほとんど気がついていないように見える。彼らはまた妄想も抱きやすい。妄想とは、ほとんどの人が現実の誤った解釈と見なす信念のことである。最もありふれた妄想は、外的な力が人の思考や行動をコントロールしようとしているという信念である。(2) これらの影響についての妄想は、自身の思考が世界に向けて放送され、そのために他者がその思考を聞くことができる、奇妙な（自分自身のものではない）思考が自分の心に挿入される、あるいは感情や行動が外的な力によって強いられるといった信念を含む。(3) 特定の人々あるいは特定のグループが自分を脅したり何かを企んでいたりするという信念（被害妄想）もまたよく見られる。自分は力があり重要な人物だという信念（誇大妄想）はより稀である。

用語A
現実との接触の喪失、幻覚、妄想、不適切あるいは平坦な感情などによって特徴づけられる重度の精神疾患
統合失調症：schizophrenia

9 臨床（症状） ▶ ▶ ▶ 鉄則：総合 難易度：★★☆

80 うつ病・双極性障害
major depressive disorder / bipolar disorder

学習・読解のポイント
- □ 色々なうつ病（産後うつ病，仮面うつ病など）について出題歴あり
- □ 自殺や，他の精神障害との関連も理解しておきたい
- ■ 文の構造に注意して訳してみよう

■ 下線部を訳しなさい。

（類題：平成21年度　東京国際大学大学院 第Ⅰ期臨床心理学研究科）

　Many different **psychiatric disorders** can culminate in the tragic outcome of **suicide**. Suicide is most prominently associated with major **affective disorders**, however, so it is therefore considered in detail in the context of this chapter. Before examining the **psychodynamic** perspective on suicide, a caveat is in order. Determinants of suicidal behavior may be **biological** as well as **psychological**. (1) <u>The psychodynamics revealed by **psychotherapeutic** work with suicidal patients may in some respects be secondary to **neurochemical changes**, so all available somatic treatment modalities must be used aggressively along with the psychotherapeutic approach.</u> In many cases, psychotherapy alone is insufficient with seriously suicidal patients. (2) <u>In one comparison study (Lesse, 1978), only 16% of the severely depressed psychotherapy **patients** had a positive outcome, while 83% of the patients who received both psychotherapy and **pharmacotherapy** and 86% of those who received **electroconvulsive therapy** had good results.</u> Saving the patient's life is far more important than theoretical purity.

（*Psychodynamic Psychiatry in Clinical Practices 4th edition*, p.221）

用語Q　A disorder characterized by a persistent feeling of sadness or despair and/or loss of interest.

解説

(1)「The psychodynamics」が主語の中心であり，分詞の「revealed 〜 patients」までがそれを修飾している。「**in some respect**（いくつかの点で）」という挿入があり見えにくいが，「may be」が動詞。接続詞「so」の後の主語は「all 〜 modalities」で，動詞は「must be used」。「助動詞＋受け身」の形になっており，「〜されなくてはならない」と訳す。

(2) 対比構造に着目する。大きく把握すると「A, while B」という構造になっており，「Aである一方B」と訳していく。

関連用語 (まずは*の単語を優先的に理解しよう)

抑うつエピソード*	major depressive episode
躁病エピソード*	manic episode
モノアミン仮説	monoamine hypothesis
循環気質*	cyclothymic disposition
執着気質	immodithymia
メランコリー親和型性格*	melancholic type
セロトニン	serotonin
抗うつ薬	antidepressant

Aに該当するのが精神療法だけ受けた患者，Bが精神療法に加えて薬物療法を受けた患者と，電気ショック療法を受けた患者についての文であり，結果の比較がなされている。

全訳

様々な**精神障害**が**自殺**という悲惨な結果を招き得る。しかし，自殺は主な**感情障害**と明らかな関連があるので，この章の中で詳しく見ていくことにする。自殺について**精神力動的**な視座を検討する前に，まずはじめに注意しておきたい点がある。自殺行動においては，**心理的要因**だけでなく**生物学的**な要因も決定因となるかもしれない。(1) 自殺願望のある患者と行った**精神療法**によって明らかになった精神力動は，いくつかの点において，**神経物質の変化**による副産物かもしれない。ゆえに，精神療法的アプローチと合わせて，身体的な治療も可能な限り積極的に行うべきである。ほとんどの場合，深刻な自殺願望のある**患者**には心理療法だけでは不十分である。(2) ある比較研究（Lesse, 1978）では，心理療法を受けた重いうつ症状のある患者の中で，改善が見られたのはたった16％だった。一方，同じように重度のうつ症状のある患者が，心理療法と**薬物療法**を受けた場合83％の人に効果が見られ，また**電気ショック療法**を受けた別の患者の場合，86％の人に効果が見られた。患者の命を守ることは，理論に忠実であるよりもはるかに重要である。

持続する悲しみや絶望感，興味の喪失によって特徴づけられる障害

うつ病：major depressive disorder

81 不安症・強迫症

anxiety disorder / obsessive-compulsive disorder

学習・読解のポイント
- [ ] 関連用語に挙げた下位分類ごとに症状をおさえておくこと
- [ ] 認知行動療法，行動療法との関連でも長文出題あり
- [x] 読み飛ばす部分とじっくり読む部分を見分けよう

■ 英文の内容をもとに，不安の症状について述べなさい。

The following passage describes a person suffering from an **anxiety disorder**:

> Hazel was walking down a street near her home one day when she suddenly felt flooded with intense and frightening physical symptoms. Her whole body tightened up, she began sweating and her heart was racing, and she felt dizzy and disoriented. She thought, "I must be having a heart attack! I can't stand this! Something terrible is happening! I'm going to die." Hazel just stood frozen in the middle of the street until an onlooker stopped to help her.

There are four types of symptoms of anxiety, and Hazel was experiencing symptoms of each type. First, she had **physiological** or **somatic** symptoms: Her heart was racing, she was perspiring, and her muscles tensed. （中略）

Second, Hazel had **cognitive** symptoms of anxiety: She was sure she was having a heart attack and dying. Third, Hazel had a **behavioral** symptom of anxiety: She froze, unable to move until help arrived. Fourth, she had the sense of dread and terror that make up the **emotional**

A disorder in which people experience extreme anxiety and fear even when there is little or nothing to provoke it.

解説

解答例 「不安には4つの症状がある。それらは，（汗をかくといった）生理的あるいは身体的な症状，（死を確信するといった）認知的な症状，（動けなくなるといった）行動的な症状，そして（不安や恐怖といった）情動的症状である。」（58〜103字）

関連用語（まずは*の単語を優先的に理解しよう）

パニック症	panic disorder
恐怖症*	phobia
全般性不安症	generalized anxiety disorder
心的外傷後ストレス障害*	post traumatic stress disorder
急性ストレス障害	acute stress disorder

「first」から「fourth」まで，順に4つの症状について記述されている。それ以外の部分はすべて具体例となっており，理解を助けてくれる程度で，じっくりと読む必要はない。制限時間にもよるが，**重要な部分とそうでない部分を見分け，強弱をつけて読めるようにしておこう**。書き方は指定によるが，4つの症状を箇条書きする場合や，解答例のように文章にする場合もある。また，**具体例を入れるか否かは，指定の文字数によって決定**すればよい。

symptoms of anxiety.

(*Atkinson & Hilgard's Introduction to Psychology* 15th edition, p.543)

全訳

次の一節は**不安症**の患者の話である。

ヘーゼルは，ある日自宅の近くの道を歩いていて，突然，強烈でおそろしい身体的症状を感じた。彼女の全身は緊張し，汗がふき出し，心臓がどきどきして，めまいを感じ混乱した。彼女は「心臓発作だわ！　どうしよう！　何かおそろしいことが起こっていて，私は死んでしまうんだわ」と考えた。ヘーゼルは通りすがりの人が助けてくれるまで，通りの真ん中にただ立ちつくした。

不安には4つのタイプの症状があり，ヘーゼルはそれぞれのタイプの症状を経験していた。第1に，彼女は**生理的**あるいは**身体的**な症状を経験した。すなわち，彼女の心臓の鼓動が速まり，汗をかき，筋肉は緊張した。（中略）

第2に，ヘーゼルは**認知的**な不安の症状を経験した。すなわち，彼女は，心臓発作に襲われていて死んでしまうのだと確信した。第3に，ヘーゼルは**行動的**な不安の症状を経験した。すなわち，彼女は固まってしまい，助けが来るまで動くことができなかった。第4に，不安や恐怖といった**情動的**症状を経験した。

喚起するものがほとんど，あるいはまったくないのに過剰な不安や恐れを感じる障害
不安症：anxiety disorder

82 PTSD（心的外傷後ストレス障害）
post traumatic stress disorder

9 臨床（症状） ▶▶▶　鉄則：総合　難易度：★★☆

学習・読解のポイント
□ 主要な症状については例を用いて説明できるようにしておこう
■ 論文の流れを再度確認しよう

■ 以下の研究の内容を200字程度にまとめなさい。

(類題：平成22年度　横浜国立大学大学院 教育学研究科 学校教育臨床専攻)

Postpartum psychological distress can adversely affect the early mother-infant relationship; however, this has not been investigated in relation to **post traumatic stress disorder** (PTSD) following childbirth. This article explores whether PTSD **symptoms** relating to labor and delivery are associated with mothers' early perceptions of their infant. Using labor and childbirth as the stressor criterion, 211 women were assessed at 6 weeks postpartum for symptoms of intrusions, avoidance, and hyperarousal. Their perceptions of their infants, of mother-to-infant attachment, and infant behavioral characteristics also were evaluated. In sum, 3.8% of the women fulfilled full **diagnostic criteria**, and a further 21.3% reported clinically significant symptoms on at least one dimension of PTSD. Those meeting full or partial criteria perceived their **attachment** relationships to be significantly less optimal and reported more negative maternal representations in terms of their infants being less warm and more invasive. They also rated them as being **temperamentally** more difficult, prone to distress, and less easy to soothe. However, when the effects of **depression** were partialled, only the effect for perceived warmth remained.

(*Infant Mental Health Journal*, Vol.29, issue.6, p.537-554)

An anxiety disorder in which a stressful event that is outside the range of usual human experience brings in its aftermath such symptoms as re-experiencing.

解説

先行研究で検討されてこなかったことを示す「this has not been investigated（2行目）」周辺に「問題」がある。「this article explores（4行目）」からは「目的」、「Using」以降に「方法」、「In sum」から「結果」という流れになっている。こうした**キーワードを頼りに制限字数でまとめていこう**。

関連用語 (まずは*の単語を優先的に理解しよう)

再体験*	re-experiencing
回避*	avoidance
過覚醒*	hyperarousal
アウトリーチ	outreach
遊戯療法	play therapy
EMDR*	eye movement desensitization of reprocessing
睡眠障害	sleep disturbance

解答例 本研究の目的は、産後のPTSD症状と母子関係の関連を検討することであった。211名の産後の女性を対象に、侵入、回避、過剰な興奮状態、乳児への愛着、乳児の行動特徴について調査した。結果、PTSDの基準を部分的にでも満たす母親は、最適でない愛着関係と、否定的な母親の像を報告した。さらに子どもの気質についても困難さを報告した。しかし抑うつの影響が取り除かれると、乳児に対する温かさの認知への影響のみが残った。（195字）

全訳

産後の心理的苦痛は母親と乳児の初期の関係に悪影響を与える可能性がある。しかし、このことと出産後の**心的外傷後ストレス障害（PTSD）**との関連は調査されてこなかった。この論文では、妊娠と出産に関するPTSDの**症状**が母親の初期の乳児の認知に関連するかどうかを明らかにしようとしている。妊娠と出産をストレッサーの基準として用いて、211人の女性について産後6週間後の侵入、回避、過覚醒の症状を評価した。乳児、母子の愛着関係、そして乳児の行動の特徴に対する母親の認識も評価された。その結果、**診断基準**を完全に満たす女性は3.8％、少なくともPTSDの特徴の1つにおいて重大な症状を報告しているのは21.3％以上であった。基準を完全にもしくは一部満たしている場合、母親と乳児の**愛着**関係は最適な状態ではなく、乳児に対して温かくなくより侵入的であるというようなより否定的な母親像が報告されている。母親たちはまた、子どもについて**気質**が難しく、苦痛を感じやすい傾向にあり、そして感情を鎮めるのが困難だと評価していた。しかしながら、**抑うつ**の影響が取り除かれた場合には、（母親の）温かさの認知への影響のみが（有意な影響として）残った。

人の通常の経験の範囲を超えるストレス経験により、トラウマの再体験といった症状が見られる不安障害
心的外傷後ストレス障害：PTSD

9 臨床（症状）

83 身体症状症およひ関連症群
somatic symptom and related disorders

学習のポイント
□ 長文としての出題はほとんどないため，用語チェックで十分対応可

- Disorders in which physical symptoms are present but are due to psychological rather than physical causes.
  身体的なものよりむしろ心理的な原因により身体的症状がでる障害
  【身体症状症（および関連症群）】

<症状>

変換症 conversion disorder	A disorder characterized by neurological symptoms, such as numbness, blindness, or paralysis. しびれや失明，麻痺といった神経学的症状が特徴的な障害
身体症状症 somatic symptom disorder	A disorder characterized by complaints about pain, gastrointestinal, sexual, and pseudo neurological symptoms. 痛みや，胃腸系，性的，そして偽の神経学的症状をもつ障害
病気不安症 illness anxiety disorder	A disorder characterized by excessive fear of or preoccupation with serious illness. 深刻な病に対する過剰な恐れや関心により特徴づけられる障害

関連用語をおさえよう
まずは☆の単語を優先的に理解しよう。

	身体症状	somatic symptom
☆	心身症	psychosomatic disease
☆	疾病利得	gain from illness
☆	アレキシサイミア	alexithymia

A wide array of experiences from mild detachment from immediate surroundings to more severe detachment from physical and emotional experience.

192

9 臨床（症状）

84 解離症

dissociative disorder

学習のポイント
- [ ] それぞれの症状を，事例とともに理解しておこう

■ Disorders in which, under stress, one loses the ability to integrate one's consciousness, identity, and memories of important personal events.
ストレス下で，自分の意識，アイデンティティ，重要な個人的出来事の記憶を統合するための能力を失ってしまう障害　【解離症】

＜症状＞

解離性健忘 dissociative amnesia	A memory disorder characterized by sudden retrograde autobiographical memory loss. 突然の逆行的な自伝的記憶の喪失により特徴づけられる記憶障害
解離性遁走 dissociative fugue	A dissociative disorder in which a person forgets who they are and leaves home to creates a new life. 自分が誰であるかを忘れ，新たな生活を創造するために家を出てしまう解離症
解離性同一症 dissociative identity disorder	A dissociative disorder in which a person has more than one distinct identity or personality state. 一つ以上の異なるアイデンティティ，または人格をもつ解離症
離人感 depersonalization	A dissociative disorder in which a person temporarily loses a sense of self, both physically and mentally. 一時的に，身体的にも精神的にも自己の感覚を失ってしまう解離症

関連用語をおさえよう

まずは☆の単語を優先的に理解しよう。

☆	解離	dissociation
	自然治癒	spontaneous recovery (self-healing)

目前の環境からの軽い分離から，身体，感情からのより深刻な分離まで，多岐にわたる経験
解離：dissociation

9 臨床（症状）　鉄則：総合　難易度：★★☆

85 摂食障害

eating disorder

学習・読解のポイント
- □ 入試頻出。症状だけでなく，原因に関する出題も多い
- ■ 長い文は2つに分けて訳そう
- ■ わかりやすさを優先して，言葉を補ったり意訳したりしよう
- ■ 修飾関係を見極めることでSVを正確に把握すること

■ 下線部を訳しなさい。

Many **psychologists** have proposed that social and cultural factors play major roles in **anorexia** and **bulimia**. In particular, they point to Western society's emphasis on thinness in women. (1) <u>This emphasis has increased markedly in the past 40 years, which fits with the observation that the incidence of **eating disorders** has also increased during that period.</u> (中略)

But how exactly do media images of the 'ideal' female body sink in and account for high rates of disordered eating? (2) <u>Insight into this process is offered by **objectification theory**, a sociocultural account of how being raised in a culture that sexually objectifies the female body (both within the visual mass media and within actual interpersonal encounters) fundamentally alters girls' and women's self-views and well-being (Fredrickson & Roberts, 1997).</u> Sexual objectification occurs any time a person is treated first and foremost as a body valued for its sexual use to (or consumption by) others. Sexual objectification is a dehumanizing form of interpersonal regard. It reduces the targeted person's full humanity to the status of an object for the observer's benefit.

(*Atkinson & Hilgard's Introduction to Psychology 15th edition*, p.375-376)

Abnormal eating habits that may involve either insufficient or excessive food intake to the detriment of an individual's physical and emotional health.

解説

(1)「This emphasis」の訳が難しいが,「この重視は」と訳すと不自然なため,**前文の内容から言葉を補って**,「この痩身を重視する風潮は」と訳した。「, which ～」は関係代名詞の非制限用法で,前文の内容が先行詞となっており,「and it ～」と言い換えることができる。ここでは,痩身を重視する風潮が増したことというのが it にあたる。

(2) 長い1文であるため,**カンマで切って2文にした**。カンマ以降は,「objectification theory」がどのようなものか説明を加える内容になっている。how からはじまる節内の**主語と動詞の見極めが難しいが,修飾関係をつかみながら正確**に行いたい。ここでは,「being raised」という動名詞が主語の核であり,「that ～ body」が「culture」を修飾している。動詞は「alters」だが,「that ～の文化で育てられることが…を変える」という直訳を,「that ～の文化で育てられることによって…が変わる」のように意訳し直した。

関連用語 (まずは*の単語を優先的に理解しよう)

神経性やせ症*	anorexia nervosa
神経性過食症*	bulimia nervosa
制限型	restricting type
排出型	purging type
身体像	body image
自己像	self image
食事指導	dietary counseling

全訳

多くの**心理学者**は,**拒食症**や**過食症**において社会的,文化的要因が主要な役割を担っていると主張してきた。とくに,彼らは女性が痩せていることを重視する西洋社会を指している。(1) この痩身を重視する風潮は,過去40年で著しく強まってきた。そしてこれは,その期間に**摂食障害**の発症率もまた増加しているという観測にも合っている。(中略)

しかしメディアを通して示される「理想的な」女性の身体像は,厳密にはどのように浸透し,病的摂食の割合を高める主要因となっているのだろうか? (2) この過程への洞察は,**対象化理論**によって与えられる。この理論は,女性の身体を性的に対象化するような文化の中で(視覚的なメディアの中や実際の対人関係の中で)育つことによって,どのように少女や女性の自己に対する見方や健康の状態が根本から変わるかについての社会文化的な説明である (Fredrickson & Roberts, 1997)。性的対象化は,その人がまず,他者が性的な目的で利用する,あるいは消耗するために価値のある身体として扱われるときに生じる。性的対象化は,人間相互の関わりにおいて,人間性を奪う形式である。それは標的となった人の人間性を,第三者の利益のための対象という地位に引き下げるものである。

用語A 人の身体的,あるいは情緒的健康を損なう,不十分か過剰な食物摂取を含む摂食習慣
摂食障害:eating disorder

86 パーソナリティ障害

personality disorder

学習・読解のポイント
- 出題数は増加傾向にある
- 問題・目的から考察にいたる流れがわかりやすい訳作りを

■ 以下の研究の概要を 200 字程度にまとめなさい。

The **mechanisms** through which current romantic relationship dysfunction develops in individuals with **borderline personality disorder** (BPD) symptoms are still unclear. One possible pathway may be childhood experiences of emotional invalidation by parents, which may result in the development of poor social **problem-solving skills** or cognitive responses such as **splitting**, which impair current romantic relationships. This study examines the relationship between features of BPD and current romantic relationship dysfunction, and demonstrates that perceived emotional invalidation by parents during childhood **mediates** the relationship between BPD features and current romantic relationship dysfunction. **Structural equation modeling** was used to test the hypothesized model in 758 young adults in an ethnically diverse community sample. The proposed model fit the data well; perceived childhood emotional invalidation partially mediated the relationship between features of BPD and romantic relationship dysfunction, even when controlling for the presence of a **major depressive episode** in the last year. The findings of this study suggest that perceived childhood emotional invalidation may contribute to these problems.

(*Journal of Family Psychology*, Vol.22, No.6, p.885-893)

Ingrained habitual and rigid pattern of behavior or character that severely limits the individual's adaptive potential.

解説

これまでの未検討課題をあげるのが「問題」であるため，その発見に「unclear（3行目）」という言葉がヒントになる。さらに「This study examines〜」から「目的」，「Structural〜」から方法，「The proposed model〜」から結果，「The finding of this study suggest〜」から考察が述べられている。それぞれ**キーワードから該当箇所を見つけられるようにし**たい。

解答例 本研究の目的は，境界性人格障害（BPD）の人が恋愛関係の機能不全を起こすメカニズムを明らかにすることであった。多民族コミュニティの758名の成人を対象に，構造方程式モデルを使用して仮説の検討を行った。結果，BPD特徴のある人は，併存症のうつ病を除外したとしても関係性の機能不全を経験しており，これらの問題は，情緒的な働きかけを両親によって無視されたり，否定されたりした幼児体験が一因であることが示された。（196字）

関連用語（まずは*の単語を優先的に理解しよう）

猜疑性	paranoid
シゾイド	schizoid
失調型	schizotypal
境界性*	borderline
演技性	histrionic
自己愛性*	narcissistic
反社会性	anti-social
回避性	avoidant
依存性	dependent
強迫性	obsessive-compulsive

全訳

境界性パーソナリティ障害（BPD）の症状をもつ人が進行中の恋愛関係において機能不全を起こす**メカニズム**は，いまだ明らかになっていない。可能性のある経路の1つとして，幼少期の両親による情緒的な不認証の体験が考えられる。この不認証の結果，社会的な**問題解決スキル**が十分発達しなかったり，たとえば**分裂**のような認知的反応を発達させたりしてしまい，それが進行中の恋愛関係を阻害している可能性がある。本研究では，BPDの特徴と進行中の恋愛関係の機能不全の関係を検討し，幼少期に両親によって情緒的に認められないと認識することがBPDの特徴と進行中の恋愛関係の機能不全の関係を**媒介している**ことを明らかにする。民族的に多様な集団の758人の青年を対象に，**構造方程式モデル**を使って，仮説として立てられたモデルを検証した。仮説モデルはデータとよく適合した。つまり，ここ1年間の**抑うつエピソード**の存在を統制した後でも，認識された幼少期の情緒的不認証が，BPDの特徴と恋愛関係の機能不全の関係を部分的に媒介していた。この研究結果により，認識された幼少期の情緒的不認証がこれらの問題に貢献していることが示唆された。

人の適応能力を非常に制限する，長い間，根付いた習慣と行動や性格特徴の強固なパターン
パーソナリティ傷害：personality disorder

87 自閉スペクトラム症
autism spectrum disorder

学習・読解のポイント
- 事例に関する英文が多いため、症状をよく理解しておくこと
- DSMの改訂に伴う名称の変更等、概論書で確認を
- いずれも非常に難文だが10の鉄則を思い出して解こう

■ 下線部を訳しなさい。

(類題：平成22年度　お茶の水女子大学大学院 人間文化創成科学研究科 人間発達科学専攻)

(1) <u>Autism is now an everyday word. It was not always so.</u> (2) <u>When I started in this field 25 years ago, I would use a phrase such as 'autistic children' that some people would hear as 'artistic children', so unfamiliar were they with this word.</u> That it is now a household word is in part due to the success of films such as Rain Man, which popularized at least one side of autism. (3) <u>This was the man who walked in an awkward fashion, who stammered and made little eye contact, but who noticed tiny details such as the number of match-sticks on the floor when a whole box of matches had spilt and who could remember which airlines had crashed, and the dates the crashes had happened, right through aviation history.</u> His mind was like a look-up table of facts and figures. Such savant abilities are certainly seen in one subgroup of people with autism.

(*Autism and Asperger Syndrome*, p.vii, By permission of Oxford University Press)

<症状>

社会的コミュニケーションと相互作用の障害	deficits in social communication and social interaction across multiple contexts
限定された反復する行動，興味，活動	restricted, repetitive patterns of behavior, interests, or activities

A disorder that affects social interaction, communication, interests and behavior.

解説

(1)「everyday word」は「常用語」。1文目と2文目は接続詞で結ばれているわけではないが、意味的には反対。より自然な訳にするために、訳では「しかし」といった言葉を補おう。

(2)「would」は過去の反復的な行為を振り返るもので「～していた」と訳す。続くthat節は直前の「artistic children」を修飾する関係代名詞節。「so ～」の訳が非常に難解だが、強調するために「so」が前に出されると倒置が起こることを知っていれば、元の文が「they were so unfamiliar with this word」であったとわかる。訳は、「それほど聞き慣れないものであったのだ」とした。

関連用語 (まずは*の単語を優先的に理解しよう)

カナー*	Kanner, L.
ウィング*	Wing, L.
広汎性発達障害*	pervasive developmental disorder
社会コミュニケーション症	social communication disorder
アスペルガー障害*	Asperger syndrome
レット障害	Rett's syndrome
小児期崩壊性障害	childhood disintegrative disorder
精神遅滞	mental retardation
療育*	rehabilitation

(3)「the man」を修飾する4つのwhoの節が、「A, B, but C, and D」という形で並列されている。「AでBだけれどもCでDな」と訳していこう。「this」が指すのは「Rain Man」という映画タイトルなので、「the man」の訳も「男の話」とした。4つ目の節の中には、「remember」の目的語が2つ（「which ～」と「the date ～」）あるので注意したい。

全訳

(1) 自閉症は現在では常用語である。しかし、常にそうであったわけではなかった。(2) 25年前にこの領域で私が研究をはじめたとき、私は「自閉的な子ども」という表現を使っていたが、「芸術的な子ども」と聞き間違える人がいた。それほど彼らはこの言葉に慣れていなかったのだ。それが今やよく知られた言葉になっているのは、部分的には『レインマン』のような映画の成功のためであり、それにより少なくとも自閉症の1つの側面が社会に広められた。(3) これは妙な歩き方をし、どもりながら話してほとんど目を合わさないけれども、マッチ箱をばらまいてしまったときの床に落ちたマッチの数のように非常に細かなことを認識し、航空史から事故を起こした航空会社や事故が起きた日付を思い出すことができる男の話である。彼の頭はまるで、事実と挿絵の参照表のようであった。こうしたサバン的な能力は、自閉症をもつ人の下位集団には確かに見られる。

用語 A

社会的相互作用、コミュニケーション、興味や行動に影響を及ぼす障害
自閉スペクトラム症：autism spectrum disorder

9 臨床（症状） ▶ ▶ ▶ 鉄則：総合 難易度：★★☆

88 限局性学習症，注意欠如・多動症
specific learning disorder / attention deficit hyperactivity disorder

学習・読解のポイント
- □ 教育系の大学院入試では好んで出題される傾向あり
- ■ ある事例に関する英文のため，クライエントを想像しながら読もう

■ 下線部を訳しなさい。

　Cheryl was referred for evaluation by her parents, Mr. and Mrs. J., and by Dr. Ronald F., a hematologist. Dr. F. and Mr. and Mrs. J. would like to gain some insight into Cheryl's cognitive and achievement abilities and current level of **functioning**; they suspect that she might have a **learning disability**. Cheryl has been experiencing difficulty with her ninth-grade schoolwork and has a history of reading and spelling problems. Her school **grades** have been deteriorating, and she has been having more difficulty as the demands in school have become greater. (1) In the recent past, Cheryl has been noncompliant in taking her medication for **HIV**; both her medical condition and her noncompliance have been great concerns to her parents, physicians, and therapist.

　Cheryl, adopted at the age of 2 months, was diagnosed with an "unknown blood disorder" at age 6 months, and as being **HIV-positive** at age 18 months. Virtually nothing is known about her **biological parents**. A referral was made from Cheryl's **therapist**, Dr. Judy S., for **psychological testing**. (2) Dr. S., Dr. F., and Cheryl's parents suspect that Cheryl may have a learning disability that is making school extraordinarily difficult for her and may be related to her noncompliance with her medications.

(*Essentials of WISC*-IV *Assessment*, p.489)

A disorder in children marked by difficulties in focusing adaptively on the task at hand, inappropriate fidgeting and antisocial behavior, and excessive non-goal-directed behavior.

解説

(1)「compliance」は，医師の指示に従っていることを表す言葉。逆に「noncompliance」は指示を守っていないという意味。「in ~ing」で「~において」という頻出表現。ここでは「薬を飲むことにおいて指示を守っていない」というのを「薬を飲むのを嫌がる」と意訳した。セミコロンの後は「both A and B」の形で主語が並列されている。

(2) 動詞「suspect」の目的語として that 節が続いている。その中にまた that 節があり，直前の「learning disability」を修飾している。この that 節では「is making ~」と「may be related ~」という2つの動詞が並列構造を成している。「make A B」の形で「AをBにする」。ここでは「学校を困難にする」となるが，不自然であるため，「学校で困難を抱える」と意訳した。

関連用語（まずは*の単語を優先的に理解しよう）

不注意	inattention
多動	hyperactivity
衝動性	impulsivity
難読症	dyslexia
特別支援教育*	special education

全訳

シェリルは検査を受けるため，両親と血液内科医のロナルド医師によって紹介されてきた。ロナルド医師と両親（ジュディ夫妻）はシェリルが**学習障害**ではないかと疑っており，彼女の認知と知能と現在の**機能**レベルを知りたいとのことだった。彼女は9年生の学校の勉強についていけなくなってきていて，これまでにも読み書きに問題があった。彼女の**成績**は低下しており，学校での要求が高くなるにつれ，問題はどんどん大きくなっていった。(1) <u>ここ最近，シェリルは**HIV**の薬を飲むことを嫌がり，そのため両親，医師，セラピストは彼女の体調と薬を飲まないことをとても懸念していた。</u>

彼女は生後2ヶ月で養子縁組をし，6ヶ月のときに原因不明の血液の病気であると診断された。そして，18ヶ月の時に**HIVが陽性**であることがわかった。彼女の**実の両親**については何もわかっていない。シェリルの**セラピスト**であるジュディ医師が**心理検査**を依頼した。(2) <u>ジュディ医師とロナルド医師，シェリルの両親は，彼女が学習障害のため学校の勉強で非常に困難を抱えていて，その学習障害は彼女が薬を飲まないことと関係があるのではないかと疑っていた。</u>

目の前の課題への集中困難，不適切なまでの落ち着きのなさや反社会的行動，目的のない過剰な行動といった特徴をもつ子どもに見られる障害
注意欠如・多動症：ADHD

その他の用語

☆	疾患	disease
☆	障害	disorder / disturbance
☆	症状	symptom
	支障	impairment
	苦痛	distress
	妄想	delusion
	幻覚	hallucination
	仮面うつ病	masked depression
	産後うつ病	postpartum depression
☆	パニック発作	panic attack
	予期不安	anticipatory anxiety
☆	広場恐怖症	agoraphobia
☆	社会恐怖症	social phobia
	対人恐怖症	anthropophobia
	特定の恐怖症	specific phobia
	閉所恐怖症	claustrophobia
	学校恐怖症	school phobia
☆	強迫観念	obsession
☆	強迫行為	compulsion
	反響言語（オウム返し）	echolalia
	落ち着きのなさ	restlessness
☆	エンパワーメント	empowerment
	薬物療法	pharmacotherapy
	副作用	side effect
	重症	severe
	入院治療	hospital treatment
	心理教育	psycho education
☆	認知行動療法	cognitive behavioral therapy
☆	行動療法	behavioral therapy

☆印の単語は，英語で書けるようにしておこう

Clinical Psychology (Intervention)

第10章

臨床（介入）

••••▶ 傾向と対策

　本章では，心理療法について扱う。様々な心理療法があるが，背景となる理論やその手法にはそれぞれ特徴があるため，しっかりとおさえたうえで英語の学習を行ってほしい。

　大学院入試英語における心理療法領域からの出題では，**3大心理療法が圧倒的に多く，それに次いで家族療法，遊戯療法などが見られる**。しかし，志望する大学院に特定の心理療法を専門とする先生がいる場合，その心理療法についても出題される可能性がある。内容としては，

精神障害のように**事例に関するものは少なく，心理療法の特徴に関する英文が多い**ため，概論書で知識を固めてから，テクニカルタームの正確な訳し方を中心とした英語対策を行うとよいだろう。

　100番の効果研究について，**介入の効果を主題とする英文が出題される頻度はそれほど高くない**。ただしこれまでに，効果の測定に適した研究デザインを解答させる問題が出題されたこともあるように，志望校によってはより深い対策が必要となる。

NO	出題頻度	用語	
89	B	転移と逆転移	transference / countertransference
90	A	精神分析療法	psychoanalytic therapy
91	A	行動療法	behavior therapy
92	A	認知行動療法	cognitive-behavioral therapy
93	A	クライエント中心療法	client centered therapy
94	C	フォーカシング	focusing
95	C	交流分析	transactional analysis（TA）
96	A	家族療法	family therapy
97	B	遊戯療法	play therapy
98	C	箱庭療法	sand play therapy
99	C	日本独自の心理療法	psychotherapy developed in Japan
100	B	効果研究	psychotherapy outcome research

出題頻度は，長文問題としての出題のされやすさを表します（A＞B＞C）。

10 臨床（介入）▶▶▶ 鉄則：総合　難易度：★★★

89 転移と逆転移

transference / countertransference

学習・読解のポイント
- □ どのようなことが起こるのか，事例で理解しておこう
- ■ 句や節で区切って，全体の構造を確認してから訳すようにしよう

■ 下線部を訳しなさい。

　The term **transference** refers to the tendency for the **client** to make the **therapist** the object of **thoughts** and **emotions**: (1) The client expresses attitudes toward the **analyst** that are actually felt toward other people who are, or were, important in his or her life. By pointing out how their clients are reacting to them, therapists help their clients achieve a better understanding of how they react to others. The following passage illustrates an analyst's use of transference, followed by the use of **free association**:

Client: (2) I don't understand why you're holding back on telling me if this step is the right one for me at this time in my life.

Therapist: This has come up before. You want my approval before taking some action. (3) What seems to be happening here is that one of the conflicts you have with your wife is trying to get her approval of what you have decided you want to do, and that conflict is occurring now between us.

Client: I suppose so. Other people's approval has always been very important to me.

Therapist: Let's stay with that for a few minutes. Would you free associate to that idea of getting approval from others? Just let the associations come spontaneously – don't force them.

(*Atkinson & Hilgard's Introduction to Psychology 15th edition*, p. 591)

An intense emotional reaction by a patient during psychoanalysis involving the display of feelings and attitudes toward the analyst that were present in a significant past relationship of the patient.

解説

(1) that 節が修飾するのは「analyst」ではなく「attitudes」である点に注意。who 節は直前の「people」を修飾している。

(2) why の節が「understand」の目的語になっている。「if～」は，「tell」の目的語が他になく，また直前にカンマもないことから，「もし」ではなく「～かどうか」の用法だとわかる。あとは「for」や「at」，「in」といった**前置詞で区切り，それぞれの句ごとに訳そう**。

(3)「What ～ here」が主語で，一つ目の「is」が中心となる動詞。「意味する」と

関連用語 (まずは*の単語を優先的に理解しよう)

フロイト*	Freud, S.
陽性転移*	positive transference
陰性転移*	negative transference
教育分析*	educational analysis
抵抗*	resistance
行動化*	acting out
疾病利得*	gain from illness

意訳した。続く that 節内では「one」が主語，「is」が動詞，「trying」が補語であるが，**読みやすい訳文にするために順序を入れ替えて訳した**。

全訳

転移という用語は，**クライエント**が**セラピスト**を思考と**情動**の対象にする傾向を表すものである。(1) つまり，クライエントは，彼あるいは彼女の人生において重要であった他者に対して実際に感じた気持ちを，**分析者**に対して表現する。クライエントが自分に対してどのように反応するかを指摘することで，セラピストはクライエントが他者に対してどのように反応しているかをよりよく理解できるように支援する。以下の文章は，分析者による転移とそれに続く**自由連想**の利用について説明するものである。

クライエント：(2) 現時点で私にとってこのステップが適切なものかどうか，あなたが私に伝えるのをなぜためらっているのか理解できません。

セラピスト：こんなことが以前にもありました。あなたは何か行動を起こす前に私の同意を欲しがる。(3) ここで起きているように見えることが意味するのは，自分がやろうと決めたことについて奥さんの同意を得ようとしてしまうことが，あなたが奥さんとの間で経験する葛藤の一つであるということで，今その葛藤が私たちの間で起こっているのです。

クライエント：そう思います。私にとって人の承認が常にとても大事なんです。

セラピスト：ちょっとこのまま続けてみましょう。他人の同意を得ることについて自由に連想していただけますか。連想が自然に生まれるように。無理にやってはいけません。

患者の過去における重要な関係の中で生じた感情と態度を分析家に向けて表出するという，精神分析中に患者が見せる激しい情動反応
　　　　　　　　　　　　　　　　　　　転移：transference

10 臨床（介入）　鉄則：総合　難易度：★★☆

90　精神分析療法

psychoanalytic therapy

学習・読解のポイント
- □ ほぼ毎年出題する大学があるため，志望校の過去問分析をしよう
- ■ 句や節の並列関係を正しく読み取ろう

■ 下線部を訳しなさい。

　A key assumption of **psychodynamic therapies** is that a people's current problems cannot be resolved successfully without a thorough understanding of their **unconscious** basis in early relationships with parents and siblings. The goal of these therapies is to bring **conflicts** (repressed **emotions** and **motives**) into **awareness** so that they can be dealt with in a more rational and realistic way. (中略)

　(1) One of the main techniques that psychodynamic therapies use to recover unconscious conflicts is **free association**, in which the **client** is encouraged to give free rein to **thoughts** and **feelings** and to say whatever comes to mind without editing or censoring it. This is not easy to do, however. In conversation, we usually try to keep a connecting thread running through our remarks and exclude irrelevant ideas. With practice, free association becomes easier. But even individuals who conscientiously try to give free rein to their thoughts will occasionally find themselves blocked, unable to recall the details of an event or finish a thought. (2) Freud believed that blocking, or **resistance**, results from the individual's unconscious **control** over sensitive areas and that these are precisely the areas that need to be explored.

(Atkinson & Hilgard's Introduction to Psychology 15th edition, p. 590-591)

A technique used in psychodynamic therapy in which a patient talks of whatever comes into their mind.

解説

(1)「that 〜 conflicts」は直前の「techniques」を修飾する関係代名詞節。文が長いため、「, in which」の前で一度切り、「そこでは」と補って訳した。「encouraged」の目的語として、「to give」と「to say」という2つの不定詞が並置されている。「give free rein to」は「〜に自由を与える」という熟語だが、**文脈に沿って意訳した**。「without 〜 ing」は「〜せずに」と訳そう。

(2)「believed」の目的語として、「that blocking 〜」、「that these …」という接続詞 that に導かれる節が並置されている。「that need 〜」は直前の「areas」を修飾する関係代名詞節であり、**同じ that でも用法が異なるため注意**したい。

関連用語 (まずは*の単語を優先的に理解しよう)

自由連想法*	free association
沈黙	silence
解釈*	interpretation
直面化	confrontation
明確化	clarification
治療的退行*	therapeutic regression
洞察*	insight
徹底操作*	working through
夢分析*	dream analysis
顕在・潜在夢	manifest / latent dream

全訳

精神分析療法の中心的仮定は、人々が抱える現在の問題は、親や兄弟姉妹との幼児期の関係におけるその問題の**無意識基盤**を徹底的に理解することなしにはうまく解決できない、というものである。これらの療法の目標は、**葛藤（**抑圧された**情動**や**動機）**を、もっと合理的で現実的なやり方であつかえるよう、**意識**のもとへ引き出すことである。（中略）

(1) 無意識的な葛藤を明らかにするために精神分析療法で用いられる主要な技法の一つが自由連想である。この技法においては、**クライエントは思考と感情に身をゆだね、心に浮かんでくることを修正したり選別したりすることなしに何でも話すことが推奨される**。しかしながら、これを実施するのは簡単ではない。我々は普段の会話において、話の一貫性を保とうとし、関係のない考えは排除しようとする。訓練を行えば自由連想はもっと容易になるが、実直に思考に身をゆだねようとする個人であっても、想起できなくなることがある。そして、出来事の細部が思い出せなかったり、ある思考を終えることができなかったりすることがある。(2) フロイトは、思考停止すなわち**抵抗**は、その個人の敏感な領域への無意識的**統制**から生じるもので、それこそが探索されるべき領域であると考えた。

用語 A　患者が心に浮かんだことを何でも話す、精神分析で用いられる技法
自由連想法：free association

91 行動療法

behavior therapy

学習・読解のポイント
- □ 背景となる行動主義の考え方を理解しておくこと
- ■ 積極的に意訳をし，より自然な訳を目指そう

■ 下線部を訳しなさい。

The term **behavior therapy** includes a number of **therapeutic methods** based on the principles of learning and **conditioning**. (1) <u>**Behavior therapists** assume that **maladaptive behaviors** are learned ways of **coping** with stress and that some of the techniques developed in **experimental research** on learning can be used to substitute more appropriate responses for maladaptive ones.</u>

Don't people need to gain **insight** into their behaviors in order to change them? Behavior therapists point out that although the achievement of insight is a worthwhile goal, it does not ensure behavioral change. Often we understand why we behave the way we do in a certain situation but are unable to change our behavior. (2) <u>If you are unusually timid about speaking in class, you may be able to trace this fear to past events</u> (your father criticized your opinions whenever you expressed them, your mother made a point of correcting your grammar, you had little experience in public speaking during school because you were afraid to compete with your older brother, who was captain of the debate team). (3) <u>Understanding the reasons behind your fear does not necessarily make</u>

A treatment approach employing the principles of operant conditioning, classical conditioning, and/or observational learning theory to eliminate inappropriate or maladaptive behaviors and replace them with more adaptive ones.

解説

(1)「assume」の目的語として，that 節が2つ並列されている。「**substitute A for B**」で「AをBに代える」。
(2)「trace」は「さかのぼる，たどる」といった意味だが，「この恐怖を過去の出来事にさかのぼる」というのは不自然。**言葉を補い**，「過去の出来事にこの恐怖の根源を探る」とした。
(3) **無生物主語の文**。主語の中心は「Understanding」で動詞は「does not necessarily make」。「**make A B**」で「AをBにする」。Aに該当するのは

関連用語（まずは*の単語を優先的に理解しよう）

系統的脱感作法*	systematic desensitization
暴露法*	exposure
暴露反応妨害法	exposure and response prevention (ERP)
シェイピング法*	shaping
トークン・エコノミー法*	token economy
タイムアウト法	time out
嫌悪療法	aversion learning

形式目的語の「it」。真の目的語は「to contribute ～」の部分である。直訳すると「…を理解することは，必ずしもAをBにしない」となるが，より自然な表現にするため，「…を理解することで，必ずしもAがBになるわけではない」とした。

it easier for you to contribute to class discussions.
（*Atkinson & Hilgard's Introduction to Psychology 15th edition*, p.584-585）

全訳

　行動療法とは，**学習**と**条件づけ**の原理に基づく数々の**心理療法**のことである。(1)<u>**行動療法家**は，**不適応行動**は学習されたストレスに対する**対処法**であり，学習に関する**実験研究**により発展した**技法**によって，その不適応行動をより適応的な反応に置き換えることができると仮定している。</u>
　行動を変えるためには自分の行動について**洞察**を得る必要はないのだろうか？
　行動療法家は洞察の達成は価値ある目標ではあるが，それが行動の変化を保証するものではないと指摘する。我々はしばしば特定の状況において自分がなぜそのようにふるまったのかわかっていながら，行動を変えられないことがある。(2)<u>もしあなたが授業中に発言することに対して異常なまでに臆病だとしたら，あなたは過去の出来事にこの恐怖の根源を探ることができるかもしれない</u>（あなたが意見を表現するときはいつでも父親が批判した。母親は文法を正そうとしてきたり，討論チームのキャプテンである兄と競うのを恐れて学生時代に公の場で話したことがほとんどなかった）。(3)<u>あなたの恐れの背景にある理由を理解することで，クラスの議論に貢献することが必ずしも容易になるわけではないのだ。</u>

不適切，不適応な行動をなくし，より適応的な行動に置き換えるため，オペラント条件づけ，古典的条件づけ，観察学習理論の原理を用いた治療アプローチ　　**行動療法：behavioral therapy**

10 臨床（介入） ▶▶▶ 鉄則：総合　難易度：★★★

92 認知行動療法

cognitive-behavioral therapy

学習・読解のポイント
- □ 背景となる認知主義の考え方を理解しておくこと
- ■ テーマを把握し，学校教育現場での実践を想像しながら訳していこう

■ 下線部を訳しなさい。

（類題：平成21年度　東京家政大学大学院 文学研究科 臨床心理学コース）

　Although many believe that **psychological counseling** services are difficult to "fit" into the educational culture, the structure and framework of **CBT** parallels other educational services, making it more easily accepted among educators. (1)<u>Given CBT's time-limited, present-oriented, and solution-focused approach (Reinecke et al., 2003), it can be easily adapted to an **intervention** delivery model that encompasses services at differing levels representing greater specificity, complexity, and intensity.</u> In fact, school-based clinicians can offer CBT interventions on a continuum from **prevention** to early identification to direct individual service.

　The components and possible service delivery options of CBT are consistent with the educational environment, where both time and resources are often limited. The solution-focused and present-oriented approach of CBT is also appealing in education, as it addresses the student's issues without overly relying on diagnosing a specific **pathology**. (2)<u>In addition, the structure of CBT, which focuses on **psycho-education**</u>, skill building, between-session work (aka "homework"), agenda settings, and progress monitoring, is congruent with most

A therapy that attempts to help people identify the kinds of stressful situations that produce their physiological or emotional symptoms and alter the way they cope with these situations.

解説

(1)「Given」は条件を表す分詞構文が慣用化したもので，「～から判断すると，～を考慮すると」と訳す。「time ～」「present ～」「solution ～」が並列で，後に続く「approach」を修飾している。主節の「it」はCBT（認知行動療法の略称）のこと。「an intervention delivery」を修飾するthat節の中で，「representing ～」が「differing levels」を修飾する構造になっている。**長い1文は，この程度構造を把握してから訳を作りはじめるようにしよう。**

(2)「, which ～」は「CBT」に補足説明を加える関係代名詞の非制限用法。訳すときには，「CBTの構造は～であり」とした。「congruent with ～」で「～と合致する」。また，「focuses on」以降，5つの名詞句が並列の関係になっている。「already existing ～」は直前の「most activities」を修飾している。

関連用語 (まずは*の単語を優先的に理解しよう)

ベック*	Beck, A. T.
エリス*	Ellis, A.
認知療法*	cognitive therapy
論理情動療法*	rational-emotive therapy
モデリング療法*	modeling therapy
SST*	social skill training

activities already existing in school setting.

(*Cognitive-Behavioral Interventions in Educational Settings 2nd edition*, p.7-9)

全訳

　　心理カウンセリングは教育の文化にはなじみにくいと多くの人は考えているが，**CBT** の構造や枠組みは他の教育サービスとも似ているので，教育者にも受け入れやすい。(1) CBTは期間が限定され，現在に焦点をおき，問題解決をしていく方法なので (Reinecke et al., 2003)，特殊性や複雑性や強度など異なるレベルの支援を含んだ**介入**提供モデルに容易に適用できる。実際，教育現場の専門家は**予防**から早期発見，直接的な個別支援まで含んだ介入法としてCBTを直接生徒に行っている。

　CBTの要素やその他提供可能な支援は，時間も資源も限られている教育現場には適している。CBTが問題解決志向型で現在の問題を扱うことも教育現場には魅力的である。なぜなら，CBTでは生徒の**病理**を特定せずに問題を扱うことができるからである。(2) そのうえCBTの構造は，**心理教育**，スキルの習得，セッション間の課題（「宿題」としても知られている），予定に従った進行，そしてその過程の管理を重視するものであり，すでに学校現場で行われている多くの活動と合致するのである。

用語 A　身体的な症状や感情的な症状を生起させるストレス状況を明らかにし，これらの状況に適応するための方法を変化できるようにする療法
認知行動療法：cognitive-behavioral therapy

10 臨床（介入） ▶▶▶ 鉄則：総合　難易度：★★☆

93 クライエント中心療法
client centered therapy

学習・読解のポイント
- □ カウンセラーの基本姿勢についてよく理解しておくこと
- ■ 並列関係を正確に把握することが重要
- ■ 熟語表現には印をつけ，着目する癖をつけよう

■ 下線部を訳しなさい。

Client-centered therapy, developed in the 1940s by the late **Carl Rogers**, is based on the assumption that each individual is the best expert on himself or herself and that people are capable of working out solutions to their own problems. (1) The task of the **therapist** is to facilitate this process - not to ask probing questions, make interpretations, or suggest courses of action. (2) In fact, Rogers preferred the term **facilitator** to "therapist," and he called the people he worked with **clients** rather than **patients** because he did not view emotional difficulties as indications of an illness to be cured.

The therapist facilitates the client's progress toward **self - insight** by restating what the client says about his or her **needs** and **emotions**. Rogers believed that the most important qualities for a therapist are **empathy**, **warmth**, and **genuineness**. （中略）

Rogers believed that a therapist who possesses these three attributes will facilitate the client's growth and **self-exploration** (Rogers, 1970).

（*Atkinson & Hilgard's Introduction to Psychology 15th edition*, p.592）

A method of psychotherapy developed by Carl Rogers in which the therapist is nondirective and reflective and does not interpret or advise.

解説

(1) ダッシュの後の並列関係の把握に注意が必要である。**不定詞の並列では，「to」を省略することができる**ため，「ask」と

関連用語 (まずは*の単語を優先的に理解しよう)

ロジャース*	Rogers, C. R.
自己概念*	self-concept
経験*	experience
共感的理解*	empathic understanding
無条件の肯定的配慮*	unconditioned positive regard
自己一致*（＝純粋性，真実性）*	self-congruence (genuineness)

「suggest」の前にも「not to」があったものと考えて訳さなければならない。
(2)「Rogers preferred 〜」と「he called」の2文が並置されている。「**prefer A to B**」で「BよりAを好む」という熟語表現。2文目の「call A B」は「AをBとよぶ」と訳し，ここではAが「the people」，Bが「clients」である。「the people」を修飾する関係代名詞節（「he worked with」）があるため，形が見えにくい。「**rather than 〜**」で「〜というより」，「**view A as B**」で「AをBと見なす」という熟語。熟語表現に関する知識が豊富にあることで，正確に訳すことができるようになる。

全訳

1940年代に故カール・ロジャースによって発展された**クライエント中心療法**は，人は彼自身あるいは彼女自身についての最高の専門家であり，自身の問題を解決する能力がある，という仮定に基づくものである。(1)**セラピスト**の課題はこのプロセスを促進することであって，綿密に探るための質問をしたり，解釈をしたり，行動の方向について示唆したりすることではない。(2)実際，ロジャースは「セラピスト」という言葉よりも**伴走者**という言葉を好み，いっしょに取り組む人を**患者**とよぶよりも**クライエント**とよんだ。なぜなら，彼は情動的な困難を，治療するべき病気の兆候とは見なしていなかったからである。

セラピストは，クライエントが自身の**欲求**と**情動**について述べたことを言いかえることで，クライエントが**自己洞察**に向けて前進することを促進する。ロジャースは，セラピストにとって最も重要な特性は，**共感的理解，あたたかさ，真実性**であると考えた。（中略）

ロジャースは，これら3つの特性をもったセラピストはクライエントの成長と**自己探求**を促進すると信じた（Rogers,1970）。

用語
セラピストが非指示的で思慮深く，解釈や忠告をしない，カール・ロジャースによって発展された心理療法
クライエント中心療法：client centered therapy

10 臨床（介入）

94 フォーカシング

focusing

学習のポイント
□ ここにあげる心理療法について，概要とキーワードをおさえておこう

- A procedure for attending to, and being aware of, the body's 'knowing' of the various situations we live in.
  我々の生きる様々な状況について身体の"知っていること"に目を向けたり気づいたりする過程　　　　　　　　　　　　　　　　　【フォーカシング】

- A physical sensation of unease that is difficult to clearly articulate.
  はっきりと表現するのが難しいもやもやとした身体感覚　【フェルト・センス】

- A process in which a person names the felt sense and associates it with a situation or problem in the person's life, allowing the body to relax.
  人がフェルト・センスを同定し，それを生活状況や問題に関連づけ，身体がリラックスできるようになる過程　　　　　　　　　　　【フェルト・シフト】

- A humanistic method of psychotherapy which stresses individual responsibility and awareness of present psychological and physical needs.
  個人の責任や，心理的，身体的欲求への気づきを重視する，人間主義的な精神療法の手法　　　　　　　　　　　　　　　　　　　【ゲシュタルト療法】

関連用語をおさえよう
まずは☆の単語を優先的に理解しよう。

☆	フェルト・センス	felt sense
☆	フェルト・シフト	felt shift
☆	人間性心理学	humanistic psychology
	ロゴセラピー	logotherapy
	ゲシュタルト療法	gestalt therapy
	今，ここ	here and now
	エンプティ・チェア	empty chair

 A school of psychology which focused on each individual's potential and stressed the importance of growth and self-actualization.

214

10 臨床（介入）

95 交流分析

transactional analysis (TA)

学習のポイント
- □ 5つの心とその特徴について知っておこう
- □ 対人関係をその対象としていることに注意

■ A system of psychotherapy that analyzes personal relationships in terms of conflicting or complementary ego states that correspond to the roles of parent, child, and adult.

親，子ども，大人の役割に対応する矛盾していたり補い合ったりする自我状態の観点から，対人関係について分析を行う心理療法体系　【 交流分析 】

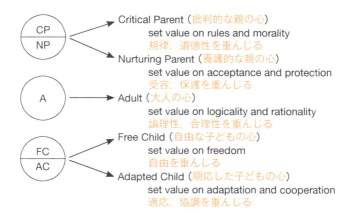

CP/NP
- Critical Parent（批判的な親の心）
  set value on rules and morality
  規律，道徳性を重んじる
- Nurturing Parent（養護的な親の心）
  set value on acceptance and protection
  受容，保護を重んじる

A
- Adult（大人の心）
  set value on logicality and rationality
  論理性，合理性を重んじる

FC/AC
- Free Child（自由な子どもの心）
  set value on freedom
  自由を重んじる
- Adapted Child（順応した子どもの心）
  set value on adaptation and cooperation
  適応，協調を重んじる

関連用語をおさえよう

まずは☆の単語を優先的に理解しよう．

☆	エコグラム	egogram
	構造分析	structure analysis

個人のもつ潜在的な力に着目し，成長や自己実現を重視する心理学派
人間性心理学：humanistic psychology

215

96 家族療法

10 臨床（介入）　鉄則：総合　難易度：★★☆

family therapy

学習・読解のポイント
- □ 3大療法以外の心理療法の中では断然出題頻度が高い
- □ 個人でなく家族を対象としたときの特徴をおさえておきたい
- ■ 英文の構造のまま訳さず，伝わりやすさを優先した意訳を

■ 下線部を訳しなさい。

（類題：平成21年度　帝京大学大学院 文学研究科 臨床心理学専攻）

(1) <u>Clinical observation and research have indicated that many **depressed** children experience a disturbed family environment.</u> Families of depressed children are characterized by greater chaos, **abuse** and **neglect**; high conflict; low levels of cohesion; a critical, punitive, and belittling or shaming parenting style; communication difficulties; and lower activity level. (2) <u>Lack of support and approval from within the family is a consistently reported finding in studies of the families of depressed children.</u> (3) <u>Families of depressed children also tend to be characterized by parental rejection, hostility, inattention, low involvement, and lack of affection; however, some research suggests a higher degree of **enmeshment** in the families of depressed children, leading to inappropriate boundaries and greater reactivity.</u> Interactions between parents and depressed youngsters have been observed to include more negative and fewer positive exchanges than interactions between nondisordered children and their parents.

（*Treatment of Childhood Disorders 3rd edition*, p.353）

Therapy involving an entire family, based on the assumption that an individual's problem is caused and/or maintained in part by problems within the family unit.

解説

(1) 無生物主語の文。「臨床的な観察や研究が〜を示している」とするより、「〜が臨床的な観察や研究により示されている」と、**受け身として訳す方がよい**。

(2) be動詞を、「イコール」というbe動詞本来の意味で訳してしまうと読みづらい訳になることがある。ここでも、「サポートと承認の欠如＝一貫して報告されている結果」と訳すより、「一貫して報告されている」という部分を動詞的に訳してしまった方が断然伝わりやすい訳になる。

(3) 「**tend to 〜**」で「〜の傾向がある」。「by」以降、「A, B, C, D, and E」の形で5つの名詞が並列されている。「; however」は関連の強い2文を逆接でつないでいるため、前後の文の内容が相反するものとなるように訳すこと。「however」以降を直訳すると、「いくつかの研究が〜を示唆する」となるが、「〜を示唆する研究もある」と意訳した。「, leading〜」は**結果を表す分詞構文**。元々は「and it leads 〜」の形である。

関連用語 (まずは*の単語を優先的に理解しよう)

家族システム	family system
円環的因果律*	circular causality
IP	identified patient
二重拘束説*	double-bind theory
リフレーミング	reframing
ジョイニング	joining
纏綿状態	enmeshment

全訳

(1) **うつ病の子どもの多くが混乱した家族環境を経験している**ということが、臨床的な観察や研究によって示されている。うつ病の子どもの家族は非常に混沌としており、**虐待やネグレクト**が起きやすいという特徴がある。たとえば、喧嘩が多い家族、凝集性が低い家族、批判的、懲罰的、過小評価したり恥を感じたりさせるような養育スタイルの家族、コミュニケーションが困難な家族、活動性が低い家族といった特徴がある。(2) うつ病の子どもの家族に関する研究では、家族によるサポートや承認の欠如という結果が一貫して報告されている。(3) うつ病の子どもの家族にはまた、養育拒否、敵意、無頓着、かかわりの希薄さ、愛情不足といった特徴がみられる傾向もある。しかし一方で、うつ病の子どもの家族は**纏綿状態**が高く、それが不適切な境界や反応性の高さにつながっていると示唆する研究もある。健康な親子と比較して、うつ病の子とその親の相互作用においては、否定的なやり取りが多く、肯定的なやり取りが少なかった。

用語A: 個人の問題が部分的には家族単位の問題によって引き起こされ、維持されているという仮定に基づき、家族全体を巻き込む形式の心理療法
家族療法：family therapy

10 臨床（介入）

97 遊戯療法

play therapy

学習のポイント
- □ アクスラインの8つの原理を覚えておこう
- □ 発達臨床心理学系の大学院入試では長文問題としても頻出

■ Eight essentials of non-directive play therapy created from the person-centered approach.
<u>人間中心アプローチから作られた非指示的遊戯療法の8つの必須事項</u>
【アクスラインの8つの原則】

Axline's eight principles　アクスラインの8つの原理

1	Develop a warm and friendly relationship with the child. 子どもとの温かく友好的な関係を築く
2	Accept the child as she or he is. 子どもをあるがままに受容する
3	Establish a feeling of permission in the relationship. 関係において許容的な感情を成立させる
4	Recognize the feelings the child is expressing and reflects these feelings back. 子どもの表現している感情を認識し，それらの感情を示す
5	Maintain a deep respect for the child's ability to solve his or her problems and gives the child to do so. 子どもの問題解決能力に対する深い尊重の念を維持し，子どもがそうできるようにする
6	Don't attempt to direct the child's actions or conversations. 子どもの行動や会話を導こうとしない
7	Don't hurry the therapy along because it is a gradual process. ゆるやかな過程であるため，心理療法の進行を急がない
8	Establish limitations necessary to anchor the therapy to the world of reality and to make the child aware of his or her responsibility in the relationship. セラピーを現実世界につなぎとめ，子どもに関係上の責任を認識させるため，必要な制限を設ける

A method of psychotherapy with children in which a therapist uses a child's fantasies and the symbolic meanings of his or her play as a medium for understanding and communicating with them.

10 臨床（介入）

 箱庭療法

sand play therapy

学習のポイント
- [ ] 芸術療法の代表格として理解しておく
- [ ] 箱庭療法以外の芸術療法は，用語対策で十分

■ Sand play therapy is a therapeutic modality for both children and adults, based on the psychology of C. G. Jung and developed by D. Kalff, which is useful for identifying and reconciling internal conflicts that manifest as anxiety and depression, as well as penetrating the depths of personality to experience the self directly. Clients place miniature figures in a small sandbox to express confusing feelings and inner experiences. As materials contained in the unconscious emerges visually and symbolically, it is integrated into a person's sense of self and can be activated to elicit behavioral change.

箱庭療法とは，ユングの心理学に基づきカルフが発展させた，子どもと大人のための心理療法で，不安や抑うつといった形で顕在化する内的葛藤を同定し，折り合いをつけるだけでなく，自己を直接的に経験するためにパーソナリティの奥深くまで洞察するのに役立つ。クライエントは，混乱した感情と内的経験を表現するために，砂の入った小さな箱にミニチュアフィギュアを置く。無意識内に含まれる内容が視覚的に，また象徴的に表れるため，それは人の自己意識に統合され，行動上の変化を引き出すために活性化されうる。

【 箱庭療法 】

関連用語をおさえよう

まずは☆の単語を優先的に理解しよう。

	芸術療法	art therapy
	コラージュ療法	collage therapy
	風景構成法	landscape montage technique
	スクリブル法	scribble technique
	スクイグル法	squiggle technique

 子どもを理解したりコミュニケーションをとったりする手段として，子どもの空想や，遊びの象徴的意味を利用する子どもに対する心理療法
　　　　　　　　　　　　　　遊戯療法：play therapy

第10章 臨床（介入）

10 臨床（介入）

 日本独自の心理療法
psychotherapy developed in Japan

学習のポイント
- [ ] それぞれの手続き，詳細については概論書で確認しておこう

■ A psychotherapy created by Japanese Dr M. Morita based on many clinical experiences, which has an effect in neurosis and depression.
日本の森田医師によって多くの臨床経験に基づいてつくられた心理療法で，神経症や抑うつに効果がある　　　　　　　　　　【　森田療法　】

関連用語をおさえよう
まずは☆の単語を優先的に理解しよう。

	森田神経質	Morita neurosis
	精神交互作用	psychic interaction
	とらわれの機制	mechanism of "toraware" = attachment
	不問	"fumon" = non-inquiry

■ A psychotherapy developed by Mr. Yoshimoto, which promotes self-awareness and acceptance of others.
吉本氏によって開発された心理療法で，自己認識と他者受容を促進する
【　内観療法　】

関連用語をおさえよう
まずは☆の単語を優先的に理解しよう。

	人にしてもらったこと	what I have received from person X
	人にして返したこと	what I have given to person X
	人に迷惑をかけたこと	what troubles and difficulties I have caused to person X
	集中内観	intensive Naikan
	身調べ	contrition

 A standard against which some other conditions can be compared in a scientific experiment.

220

10 臨床（介入）

100 効果研究

psychotherapy outcome research

学習のポイント
- [ ] 研究論文の中で頻出の内容であるため，確実におさえておきたい
- [ ] 事例研究についての英語長文出題頻度も高い

- ■ Researches dedicated to empirically examining the outcome of psychotherapy in an effort to improve treatment outcomes for clients.
  クライエントにとっての治療効果を向上させるため，心理療法の結果について実験的に検討することを目的とする研究　　　　　　【　効果研究　】

- ■ A type of research that involves doing an in-depth study of a single person, group or phenomenon.
  単一の人，グループあるいは現象について詳細な研究を行う研究法の一種
  　　　　　　　　　　　　　　　　　　　　　　　　　　　　　【　事例研究　】

- ■ The participants who are presented the independent variable in order to estimate a variable's effect by comparison with a control condition.
  統制条件との比較で効果を推定するために独立変数を与えられる参加者達
  　　　　　　　　　　　　　　　　　　　　　　　　　　　　　【　実験条件　】

関連用語をおさえよう

まずは☆の単語を優先的に理解しよう。

☆	実験条件	experimental condition
☆	統制条件	control condition
☆	統制	control
☆	交絡	confound
☆	被験者間計画	within subject design
☆	被験者内計画	between subject design
	単一事例実験	single case experiment
	ABABデザイン	ABAB design
☆	事例研究	case study

用語 科学実験において，ある条件と比較される基準となる条件
統制条件：control condition

その他の用語

	技法	technique
☆	インビボエクスポージャー	in vivo exposure
	行動修正	behavior modification
☆	バイオフィードバック	biofeedback
	自律訓練法	autogenic training
☆	対人関係	interpersonal relationship
	認知の歪み	cognitive distortion
	自動思考	automatic thinking
	不合理な信念	irrational belief
	認知再構成法	cognitive reconstruction
☆	理想自己 / 現実自己	ideal self / real self
	実現傾向	actualizing tendency
☆	非指示的カウンセリング	non-directive counseling
☆	自己洞察	self-insight
☆	自己受容	self-acceptance
☆	自己実現	self-actualization
	十分に機能する人間	fully functioning person
	自己開示	self-disclosure
☆	集団療法	group therapy
	家族ホメオスタシス	family homeostasis
☆	ファシリテーター	facilitator
☆	心理劇	psycho drama
	短期心理療法	brief therapy
	夫婦療法	marital therapy
	作業療法	occupational therapy
	ナラティブセラピー	narrative therapy
	自己統制療法	self control therapy
	言語化	verbal expression

☆印の単語は，英語で書けるようにしておこう

出 典 一 覧

· Nolen Hoeksema, 『*Atkinson and Hilgard's Introduction to Psychology 15th edition*』, Cengage Learning, 2009

· J. Larson, J. E. Lochman, 『*Helping schoolchildren cope with anger*』, The Guilford Press, 2002

· R. B. Mennuti, R. W. Christner, A. Freeman, 『*Cognitive-Behavioral Interventions in Educational Settings, 2nd edition*』, Routledge, 2012

· S. Iwakabe, 『*Psychotherapy integration in Japan*』, Journal of Psychotherapy Integration, 2008

· G. O. Gabbard, 『*Psychodynamic Psychiatry in Clinical Practices 4th edition*』 American Psychiatric Publishing, 2005

· J. Davies, P. Slade, I. Wright, P. Stewart, *Infant Mental Health Journal*, vol.29, issue 6, p.537-554., 2008

· S. Baron-Cohen, 『*Autism and Asperger Syndrome*』, Oxford University Press, 2008

· D. P. Flanagan, A. S. Kaufman, 『*Essentials of WISC-Ⅳ Assessment*』, Wiley, 2004

· E. J. Mash, R. A. Barkley, 『*Treatment of Childhood Disorders 3rd edition*』, The Guilford Press, 2006

索　引

欧文索引

ADHD　201
BDI　175
DIQ　151
DSM　183
DV　160
EMDR　191
ICD　183
IP　217
IQ　151
ISS　151
MAS　175
MPI　175
SCT　177
SST　211
STAI　175
TAT　177
WAIS　153
WISC　153
WPPSI　153

和文索引

あ行

アイコニックメモリー　87
アイゼンク　127
愛着　47, 104
アイデンティティ　101
アウトリーチ　191
アカウンタビリティ　157
アクションリサーチ　68
アクスラインの8つの原理
　218
アサーション教育　75
足場かけ　110
アスペルガー障害　199
アッシュ　117
アドボカシー　157
アニマ　167
アニミズム　97, 107
アニムス　167
アメリカ精神医学会　183
アルゴリズム　77
アルツハイマー病　133
アルバート坊やの実験　57
α係数　65
アレキシサイミア　192
暗順応　92
安全基地　105

アンダーマイニング効果　123
安定型　105
アンビバレント型　105
移行対象　110, 170
意識　163
いじめ　159
維持リハーサル　89
依存性　197
一次的欲求　125
一般因子　149
一般化　67
イド　163
EPPS性格検査　175
意味記憶　89
意味ネットワークモデル　83
因果関係　154
因子分析　127, 147
印象形成　116
陰性症状　185
陰性転移　205
インフォームド・コンセント
　173
ヴィゴツキー　103
ウィング　199
ウェーバー　54
ウェクスラー　153
ウェクスラー式知能検査　152
ウェルトハイマー　59
ウェルニッケ野　133
内田クレペリン精神作業検査
　179
うつ病　186
ヴント　55
運動感覚　138
運動視差　92
運動性失語　133
HTPテスト　178
エインズワース　105
エコーイックメモリー　87
エゴグラム　215
S-R理論　57
S-O-R理論　57
エディプス・コンプレックス
　99, 164
ABABデザイン　221
エピソード記憶　89
エビングハウス　91
エリクソン　100
エリス　211
エレクトラ・コンプレックス　165

演繹　68
演繹的推論　77
エンカウンターグループ　161
円環的因果律　217
演技性　197
エンパワーメント　157, 202
エンハンシング効果　123
エンプティ・チェア　214
横断研究　64
オペラント行動　73
オペラント条件づけ　72
オールポート　127

か行

外因性　183
回帰的傾向　127
外言　103
外向性　127
解釈　207
外集団　128
解体症状　185
外的帰属　113
外的妥当性　67
外発的動機づけ　122
回避─回避型葛藤　118
回避学習　76
回避型　105
開放性　127
快楽原則　163
解離性健忘　193
解離症　193
解離性同一症　193
解離性遁走　193
カイ二乗検定　154
カウンセリング心理学　170
カウンターバランス　68
過覚醒　191
拡散的思考　149
学習性無力感　76
覚醒水準　138
カクテルパーティ効果　79
学童期　100
確認的因子分析　154
仮現運動　59
仮説　50
家族システム　217
家族療法　216
可塑性　92, 108
学校心理学　159
葛藤　118

家庭内暴力　160
カナー　199
仮面うつ病　202
ガルシア効果　92
感覚運動期　97
感覚記憶　87
間隔尺度　140
感覚性失語　133
環境閾値説　95
観察法　64, 174
感受性　138
干渉説　91
間接的援助　170
寛大効果　117
カーンバーグ　182
記憶痕跡　85
記憶障害　133
記憶の二重貯蔵モデル　90
危機介入　170
棄却域　154
棄却する　143
危険因子　102
危険率　154
記述統計法　62
基準関連妥当性　67
絆　110
機制　47
帰属錯誤　121
期待価値理論　128
帰納　68
帰納的推論　77
規範の影響　128
帰無仮説　143
記銘　46, 85
偽薬効果　63
客観性　127
逆向干渉　91
キャッテル　127, 149
キャノン＝バード説　119
キャプラン　170
キャリーオーバー効果　68
急性ストレス障害　189
急速眼球運動　92
教育分析　161, 205
共依存　160
境界性　197
境界例レベル　182
共感的理解　213
教示　63
協調性　127
協働　170
強迫観念　202
強迫症　188
恐怖症　189

共変量　154
虚偽記憶症候群　87
局所論　162
去勢不安　165
ギルフォード　149
緊張型　185
偶発学習　92
苦痛　202
クライエント中心療法　212
クライン　169
クラスター分析　147
クレッチマー　126
グレートマザー　167
クロンバック　65
群化　59
形式的操作期　97
芸術療法　219
系統的脱感作法　71, 209
系列位置効果　90
ゲシュタルト心理学　58
ゲシュタルト療法　214
ゲゼル　95
結果　68
結果期待　128
結晶性知能　149
ケーラー　59, 77
嫌悪療法　209
幻覚　202
限局性学習症　199
元型　167
言語　84
言語獲得　108
言語性IQ　153
言語相対性理論　103
言語的コミュニケーション　180
顕在記憶　89
顕在性不安検査　175
検索　85
検索失敗説　91
原始的防衛機制　169, 182
原始反射　110
減衰説　91
見当識障害　133
行為者・観察者バイアス　113
抗うつ薬　187
攻撃行動　75
高原現象　76
交互作用　47, 146
恒常性　78
口唇期　99
構成概念妥当性　67
構成主義　55
構造化面接　180

構造論　162
行動化　205
行動主義　56
行動療法　71, 202, 208
光背効果　109, 117
広汎性発達障害　199
項目分析　154
肛門期　99
交絡　221
交流分析　215
効力期待　128
刻印づけ　108
国際疾病分類　183
誤差効果　154
個人間変化　180
個人心理学　167
個人的無意識　167
個人内変化　180
誤信念課題　107
個性化　170
個性記述的研究　64
固着　47, 99
コーホート研究　64
コミュニティ　170
固有性　92
コラージュ療法　219
混合計画　146
コンサルテーション　157
コントロール　84
コンピテンス　170

さ行

罪悪感　128
猜疑性　197
再構成　90
最小二乗法　154
再生　90
再体験　191
採択域　154
細長型　126
再テスト法　65
再認　90
最頻値　141
最尤法　154
作業記憶　87
作業検査法　179
錯視　79
サーストン　149
サピア＝ウォーフ仮説　103
サブリミナル　83
差別　128
サリーとアンの課題　107
産後うつ病　202
シェイピング法　76, 209

225

ジェームズ=ランゲ説　119
シェルドン　126
ジェンキンス　91
自我　163
自我心理学　167
時間見本法　180
軸索　130
刺激閾　54
自己愛　170
自己一致　213
思考　84
試行錯誤　77
自己概念　213
自己成就的予言　109
自己心理学　167
自己スキーマ　81
自己像　195
自己中心語　103
自己中心性　97, 107
自己調整　92
事後テスト　63
自己報告　175
思春期　110
支障　202
事象関連電位　138
事象スキーマ　81
事象見本法　180
自助グループ　157
施設症　105
自然観察法　180
事前テスト　63
シゾイド　197
自尊感情　102
実験観察法　180
実験群　63
実験者効果　63, 109
失語症　132
質的研究　64
質的データ　180
疾病利得　192, 205
質問紙法　64, 175
児童虐待　160
児童相談所　170
支配性　127
自発的回復　71
GP 分析　154
自閉スペクトラム症　198
社会恐怖症　202
社会コミュニケーション症　199
社会的外向　127
社会的学習理論　75
社会的ジレンマ　128
社会的怠情　128
社会的抑制　128

シャクター　121
尺度水準　140
シャドウ　167
遮蔽効果　92
終結　180
集合的無意識　167
集合的無知　118
重症　202
収束的思考　149
集団規範　128
集団極性化　128
縦断研究　64
執着気質　187
集中内観　220
周辺特性　117
自由連想法　61, 207
主観的輪郭　79
主効果　146
樹状突起　130
主成分分析　147
主訴　173
主題統覚検査　177
手段目標分析　92
シュテルン　151
守秘義務　159
シュプランガー　126
受容体　130
受理面接　47
循環気質　126, 187
準拠集団　128
順向干渉　91
準実験　68
順序効果　68
順序尺度　140
純粋感覚　55
ジョイニング　217
昇華　166
障害　202
消去　71
条件刺激　71
条件づけ　57
条件反射　92
症候論　183
状態―特性不安検査　175
情動　119
衝動性　201
情動の2要因説　120
小児期崩壊性障害　199
剰余変数　68
初期経験　108
食事指導　195
初頭効果　90
処理水準　89
自律　110

自律訓練法　135
事例研究　221
心因性　183
進化　138
シンガー　121
神経質　127
神経症　127
神経性過食症　195
神経性やせ症　195
新行動主義　57
心身症　137, 192
身体像　195
身体的虐待　160
身体症状症　192
心的外傷　61, 163
心的外傷後ストレス障害　189
心的装置　170
信頼係数　154
信頼性　65
心理検査法　174
心理的虐待　160
心理的リアクタンス　115
親和動機　123
新近効果　90
水準　146
随伴性　92
睡眠障害　191
数量化理論　147
スキーマ　80
スキナー　57, 73
スクイグル法　219
スクールカウンセラー　158
スクリプト　81
スクリブル法　219
スティーブンス　54
スティグマ　128
ステレオタイプ　117
ストレス　136
ストレスコーピング　137
ストレンジシチュエーション法
　105
スーパービジョン　161
スピアマン　149
スモールステップ　76
スリーパー効果　115
性格特性論　127
性格類型論　126
生活年齢　151
性器期　99
正規分布　141
制御　110
制限型　195
成功回避動機　118
誠実性　127

脆弱性ストレスモデル 185
成熟優位説 94
成人期 100
精神交互作用 220
精神遅滞 199
精神年齢 151
精神物理学 54
精神分析学 60
精神分析療法 206
生態学的妥当性 67
性的虐待 160
生得主義 92
青年期 100
正の強化 73
正の弱化 73
性発達段階 98
生物学的制約 92
性役割 165
生理的喚起 121
生理的欲求 125
世代間伝達 160
接近―回避型葛藤 118
接近―接近型葛藤 118
摂食障害 194
絶対閾 54
舌端現象 85
説得 115
折半法 65
セリエ 137
セリグマン 76
全 IQ 153
前意識 163
宣言的記憶 89
潜在学習 92
潜在記憶 83, 89
前操作期 97
全体対象 169
選択的注意 81
選択優位性 138
全般性不安症 189
潜伏期 99
躁うつ病 126
相関係数 65
想起 46, 85
早期完了 101
双極性障害 186
操作的診断基準 183
操作的定義 68
双生児統制法 95
躁病エピソード 187
相補性 170
即時性 170
促進の影響 83
ソシオメトリー 128

ソーシャルサポート 170
ソーシャルスキル 75
素朴理論 110
ソーンダイク 77

た行
第 1(2) 種の誤り 144
退行 166
胎児期 110
対象関係論 168
対人恐怖症 202
対人認知 128
対人魅力 128
第二次性徴 101
大脳半球 138
大脳辺縁系 131
タイムアウト法 209
代理強化 75
対立仮説 143
多因子説 149
多重比較 145
脱価値化 169
達成動機 123
脱中心化 97, 103
多動 201
妥当性 66
多変量解析 147
ターマン 151
タルヴィング 91
単一事例実験 221
短期記憶 85, 86, 90
男根期 99
探索行動 110
探索的因子分析 154
単純感情 55
単純接触効果 83, 128
知覚 78, 79, 84
知覚的鋭敏化 81
知覚的防衛 81
知性化 166
知能指数 151
知能偏差値 151
チャンク 87
注意欠如・多動症 199
中央値 141
中心特性 117
中枢神経系 138
中性刺激 71
中年期 100
長期記憶 85, 88
調査者 64
超自我 163, 165
調節 97
丁度可知差異 54

調和性 127
直接強化 75
貯蔵 85
治療的退行 207
沈黙 207
追試 65
吊り橋効果 121
t 検定 145
抵抗 205
ディスクレパンシー 153
ティチナー 55
適応指導教室 159
適性検査 179
テスト・バッテリー 174
データ分析 154
手続き的記憶 89
徹底操作 207
テューキー法 145
転移 204
てんかん 126
天井効果 154
纏綿状態 217
ドア・イン・ザ・フェイス法 115
同一化 166
動因低減説 128
投影 166
投影性同一視 169
投影法 176
同化 97
統覚 55
統計的仮説検定 62, 142
統合失調症 126, 184
動作性 IQ 153
洞察 77, 207
闘士型 126
統制 221
統制感 113
統制条件 221
闘争か逃走反応 134
同調 128
動的家族画 178
道徳原則 163
道徳の判断 110
逃避学習 76
特殊因子 149
特別支援教育 159, 201
独立変数 63
トークン・エコノミー法 76, 209
閉ざされた質問 180
度数分布 154
トップダウン処理 92
ドーパミン仮説 185

227

な行

内因性　183
内観法　55
内観療法　220
内言　103
内集団バイアス　117
内的帰属　113
内的作業モデル　105
内的整合性　65
内的妥当性　67
内発的動機づけ　122
難読症　201
2因子説　149
二次的欲求　125
二重課題法　87
二重拘束説　185, 217
乳児期　100
人間環境適合性　170
人間性心理学　125, 214
忍耐力　102
認知行動療法　202, 210
認知症　133
認知的解釈　121
認知的整合性理論　128
認知的評価モデル　137
認知的不協和理論　114
認知バイアス　109
認知発達論　96
認知療法　211
ネグレクト　160
粘着気質　126
脳波　138
のんきさ　127
ノンパラメトリック検定　154

は行

媒介変数　68
排出型　195
ハイダー　113
バウムテスト　178
暴露法　209
箱庭療法　219
恥　128
パーセンタイル順位　154
パーソナリティ障害　173, 196
バートレット　81
パニック症　189
パニック発作　202
バビンスキー反射　110
パブロフ　71
場面見本法　180
パラダイム　68
パラメトリック検定　145

バランス理論　114
場理論　118
般化　71
般化勾配　92
反響言語　202
半構造化面接　180
反社会性　197
汎適応症候群　137
反動形成　166
ピアジェ　96, 103
P-Fスタディ　177
比較行動学　92
ピグマリオン効果　109
非言語的コミュニケーション　180
被験者　46, 63
被験者間計画　64, 221
被験者間要因　146
非構造化面接　180
ビッグ・ファイブ　127
否認　166
ビネー式知能検査　150
批判的思考　110
肥満型　126
被面接者　180
ヒューリスティクス　77
病因論　183
評価　180
描画法　178
標準化　141
標準誤差　62
標準偏回帰係数　147
標準偏差　141
表象　47
病態水準　182
標本　62
表面的妥当性　67
開かれた質問　180
広場恐怖症　202
敏感期　108
ファイ現象　92
不安症　173, 188
風景構成法　178, 219
フェスティンガー　114
フェヒナー　54
フェルト・シフト　214
フェルト・センス　214
フォーカシング　214
副作用　202
輻輳説　95
符号化　85
符号化特定性理論　91
父性原理　170
不注意　201

フット・イン・ザ・ドア法　115
不登校　159
負の強化　73
負の弱化　73
負の転移　76
普遍文法　110
ブーメラン効果　115
不問　220
プライバシー　170
プライミング　82
プランニング　84
プレグナンツの法則　59
フロイト　98
分化　71
分散分析　145
分析心理学　167
文脈効果　83
分離脳　133
分離不安　110
分裂気質　126
分裂病型　197
平行テスト法　65
閉所恐怖症　202
β運動　59
ベック　211
ベック抑うつ質問紙　175
ペルソナ　167
変異　138
偏見　128
偏差知能指数　151
偏相関係数　154
ベンダー・ゲシュタルト・テスト　179
扁桃体　131
弁別　46, 71
弁別閾　54
防衛機制　166
傍観者効果　118
忘却曲線　91
報酬　73
法則定立的研究　64
ホヴランド　115
方略　47
ボウルビィ　105
保護因子　102
保持　85
ポジティブ心理学　102
母集団　62
補償　166
母性原理　170
母性剥奪　105
保存　97
没個性化　128
ボトムアップ処理　92

ホーナー　118
ホメオスタシス　128, 135
本能的逸脱　92

ま行

マグニチュード推定法　54
マジカルナンバー7　87
マーシャ　101
マズロー　125
味覚嫌悪学習　92
三つ山課題　107
ミネソタ多面的人格目録　175
民族心理学　55
無意識　61, 163
無意味つづり　91
無作為化　46
無作為抽出　62
無条件刺激　71
明確化　207
名義尺度　140
明順応　92
メタ記憶　84
メランコリー親和型性格　187
面接者　180
面接法　64, 174
妄想型　185
妄想分裂ポジション　169
盲点　92
モーズレイ人格目録　175
モデリング　74
モデリング療法　211
モニタリング　84
モノアミン仮説　187
モラトリアム　101
森田神経質　220
森田療法　220
モロー反射　110

や行

役割スキーマ　81
矢田部―ギルフォード性格検査
　　175
有意傾向　154
有意差　145
有意水準　143
誘因　128
遊戯療法　191, 218
誘導運動　59
床効果　154
夢分析　61, 207
ユング　126, 165
要因計画　146
幼児期健忘　89
幼児後期　100

幼児前期　100
陽性症状　185
要素主義　55
要約　68
予期不安　202
抑圧　61, 163
抑うつエピソード　187, 197
抑うつ性　127
抑うつポジション　169
予測変数　68
欲求階層説　124
予備テスト　68
予防　170

ら・わ行

ライフサイクル　100
ラザルス　137
ラター　102
ラテラリティ　138
ラポール　173
リエゾン　157
離人感　193
理想化　169
立体モデル　149
リビドー　61, 99
リファー　173
リフレーミング　217
流動性知能　149
領域普遍性　92
療育　199
両耳分離聴　79
両側検定　143
両側性転移　138
量的研究　64
臨界期　108
臨床心理査定　156
臨床心理的地域援助　156
臨床心理面接　156
臨床例　170
類推　77
累積度数　154
レヴィン　59, 118
レジリエンス　102
レスポンデント行動　73
レスポンデント条件づけ　70
劣等感　127
レット障害　199
レディネス　95
レミニッセンス　91
連合学習　92
老賢人　167
老年期　100
ロゴセラピー　214
ロジャース　213

ローゼンタール　109
ロッター　113
ロミオとジュリエット効果　121
ロールシャッハテスト　177
ローレンツ　108
論理情動療法　211
YG性格検査　127
ワトソン　57

監修者

河合塾 KALS(かわいじゅくカルス)

河合塾グループの㈱KEIアドバンスが主宰する，大学生・社会人を主対象としたキャリア予備校。公認心理師・臨床心理士をはじめとする大学院入試対策，大学編入・医学部学士編入試験対策などの進学系講座を中心に，キャリア実現に向けた幅広いサポート・サービス提供を行っている。

著者

木澤 利英子(きざわ りえこ)

2007年　カリフォルニア大学ロサンゼルス校(UCLA)心理学部卒業
2011年　東京大学大学院教育学研究科教育心理学専攻修士課程修了
元・河合塾KALS講師(担当：心理系英語)

NDC140　237p　21cm

公認心理師・臨床心理士大学院対策
鉄則10&キーワード100　心理英語編

2018年7月20日　第1刷発行
2019年7月23日　第2刷発行

監修者	河合塾KALS
著者	木澤利英子
発行者	渡瀬昌彦
発行所	株式会社　講談社
	〒112-8001　東京都文京区音羽2-12-21
	販売　(03) 5395-4415
	業務　(03) 5395-3615
編集	株式会社　講談社サイエンティフィク
	代表　矢吹俊吉
	〒162-0825　東京都新宿区神楽坂2-14　ノービィビル
	編集　(03) 3235-3701
本文データ制作	株式会社エヌ・オフィス
カバー・表紙印刷	豊国印刷株式会社
本文印刷・製本	株式会社講談社

落丁本・乱丁本は，購入書店名を明記のうえ，講談社業務宛にお送りください．送料小社負担にてお取替えいたします．なお，この本の内容についてのお問い合わせは，講談社サイエンティフィク宛にお願いいたします．定価はカバーに表示してあります．

© Rieko Kizawa, 2018

本書のコピー，スキャン，デジタル化等の無断複製は著作権法上での例外を除き禁じられています．本書を代行業者等の第三者に依頼してスキャンやデジタル化することはたとえ個人や家庭内の利用でも著作権法違反です．

JCOPY 〈(社)出版者著作権管理機構 委託出版物〉

複写される場合は，その都度事前に(社)出版者著作権管理機構(電話03-5244-5088, FAX 03-5244-5089, e-mail: info@jcopy.or.jp)の許諾を得てください．

Printed in Japan

ISBN 978-4-06-512450-5